Melanie Draba

Marketingethik:
Kritische Betrachtung der
Corporate Social Responsibility
als Marketinginstrument

Diplomica® Verlag GmbH

Draba, Melanie: Marketingethik: Kritische Betrachtung der Corporate Social Responsibility als Marketinginstrument. Hamburg, Diplomica Verlag GmbH 2012

ISBN: 978-3-8428-7994-2
Druck: Diplomica® Verlag GmbH, Hamburg, 2012

Bibliografische Information der Deutschen Nationalbibliothek:
Die Deutsche Nationalbibliothek verzeichnet diese Publikation in der Deutschen Nationalbibliografie; detaillierte bibliografische Daten sind im Internet über http://dnb.d-nb.de abrufbar.

Die digitale Ausgabe (eBook-Ausgabe) dieses Titels trägt die ISBN 978-3-8428-2994-7 und kann über den Handel oder den Verlag bezogen werden.

Dieses Werk ist urheberrechtlich geschützt. Die dadurch begründeten Rechte, insbesondere die der Übersetzung, des Nachdrucks, des Vortrags, der Entnahme von Abbildungen und Tabellen, der Funksendung, der Mikroverfilmung oder der Vervielfältigung auf anderen Wegen und der Speicherung in Datenverarbeitungsanlagen, bleiben, auch bei nur auszugsweiser Verwertung, vorbehalten. Eine Vervielfältigung dieses Werkes oder von Teilen dieses Werkes ist auch im Einzelfall nur in den Grenzen der gesetzlichen Bestimmungen des Urheberrechtsgesetzes der Bundesrepublik Deutschland in der jeweils geltenden Fassung zulässig. Sie ist grundsätzlich vergütungspflichtig. Zuwiderhandlungen unterliegen den Strafbestimmungen des Urheberrechtes.

Die Wiedergabe von Gebrauchsnamen, Handelsnamen, Warenbezeichnungen usw. in diesem Werk berechtigt auch ohne besondere Kennzeichnung nicht zu der Annahme, dass solche Namen im Sinne der Warenzeichen- und Markenschutz-Gesetzgebung als frei zu betrachten wären und daher von jedermann benutzt werden dürften.

Die Informationen in diesem Werk wurden mit Sorgfalt erarbeitet. Dennoch können Fehler nicht vollständig ausgeschlossen werden, und der Diplomica Verlag, die Autoren oder Übersetzer übernehmen keine juristische Verantwortung oder irgendeine Haftung für evtl. verbliebene fehlerhafte Angaben und deren Folgen.

© Diplomica Verlag GmbH
http://www.diplomica-verlag.de, Hamburg 2012
Printed in Germany

Inhaltsverzeichnis

Abkürzungsverzeichnis IV

Tabellenverzeichnis VI

Abbildungsverzeichnis VII

1   Einleitung 1

   1.1   Problemstellung 1

   1.2   Zielsetzung 2

   1.3   Gang der Untersuchung 3

2   Theoretische Grundlagen der Wirtschaftsethik 4

   2.1   Bedeutung der Wirtschaftsethik 4

   2.2   Definition und Begriffsabgrenzung der Ethik 8

   2.3   Definition und Begriffsabgrenzung der Wirtschaftsethik 10

   2.4   Klassische Vertreter der Wirtschaftsethik 14

       2.4.1   Ordnungsethischer Ansatz nach HOMANN 14

           2.4.1.1   Die Rahmenordnung als systematischer Ort der Moral 14

           2.4.1.2   Bedeutung moralischer Normen für Unternehmen 15

           2.4.1.3   Unternehmensethische Herausforderungen 16

           2.4.1.4   Kritische Würdigung des Ansatzes nach HOMANN 19

       2.4.2   Korrektiver Ansatz von STEINMANN 20

           2.4.2.1   Unternehmensethik als situatives Korrektiv 20

           2.4.2.2   Konstitutive Elemente der Unternehmensethik 22

           2.4.2.3   Integrierte Steuerung ethischer und ökonomischer Prozesse 24

           2.4.2.4   Kritische Würdigung des Ansatzes nach STEINMANN 26

       2.4.3   Integrative Wirtschafts- und Unternehmensethik nach ULRICH 27

           2.4.3.1   Integrative Wirtschaftsethik 27

           2.4.3.2   Verbindung ethischer und ökonomischer Rationalität 29

           2.4.3.3   Moral point of view 30

           2.4.3.4   Kritische Würdigung des Ansatzes nach ULRICH 32

2.5 Marketingethik 33
2.5.1 Der Begriff der Marketingethik 33
2.5.2 Die Bedeutung der Marketingethik 34
2.5.3 Unmoralisches Verhalten von Marketingmanagern 36
2.5.4 Konzepte der Marketingethik 38
2.5.4.1 Deskriptives Konzept nach CHONKO 38
2.5.4.2 Normatives Konzept nach SMITH 39
2.5.4.3 Normatives Konzept nach MURPHY und LACZNIAK 41
2.5.5 Implementierung einer Marketingethik 42
2.5.5.1 Ethisch fundierte Unternehmenskultur 42
2.5.5.2 Konsumenten-Dialog 44
2.5.6 Kritische Würdigung der Marketingethik 46

3 Corporate Social Responsibility (CSR) 47
3.1 Begriff der Corporate Social Responsibility 47
3.1.1 Definition und Entwicklung von Corporate Social Responsibility 47
3.1.2 Prinzipen der Corporate Social Responsibility 50
3.2 Business Case-Typen für Corporate Social Responsibility 52
3.2.1 Business Case Corporate Social Responsibility 52
3.2.2 Reputation und Legitimation 53
3.2.3 Kosten- und Risikoreduktion 55
3.2.4 Wettbewerbsvorteil 55
3.2.5 Synergetische Wertschöpfung 56
3.3 Treiber der Corporate Social Responsibility 57
3.3.1 Konsumenten als Treiber von Corporate Social Responsibility 57
3.3.1.1 Konsumenten der heutigen Zeit 57
3.3.1.2 Ethischer Konsum und die Realität 59
3.3.2 TOP-Manager als Treiber der Corporate Social Responsibility 61
3.3.2.1 TOP-Manager der heutigen Zeit 61

3.3.2.2 Internalisierung externer Effekte durch das Management 63

3.4 Corporate Social Responsibility-Kommunikation 65

    3.4.1 Zweck der CSR-Kommunikation 65

    3.4.2 CSR-Kommunikation innerhalb der Unternehmensstrategie 66

    3.4.3 Methoden der Corporate Social Responsibility-Kommunikation 68

    3.4.4 Glaubwürdigkeit der CSR-Kommunikation 71

3.5 Kritische Würdigung der Corporate Social Responsibility 72

4 Kritische Evaluierung der Marketingethik am Beispiel eines ausgewählten Unternehmens 74

4.1 Ethik im Marketing am Beispiel Benetton 74

    4.1.1 Vorstellung des Unternehmens Benetton 74

    4.1.2 Beginn der neuen Werbe-Ära Benettons 1984 75

    4.1.3 Werbekampagnen der 90er Jahre unter TOSCANI 76

    4.1.4 Besonderheiten der Werbekampagnen unter TOSCANI 79

    4.1.5 Ethik innerhalb der Marketingkampagnen 81

    4.1.6 Kritische Würdigung der Kampagnen unter TOSCANI 83

4.2 Corporate Social Responsibility am Beispiel Benetton 85

    4.2.1 Corporate Social Responsibility? 85

    4.2.2 Negative Schlagzeilen Benettons 86

    4.2.3 Positive Schlagzeilen Benettons 88

    4.2.4 Kritische Würdigung 91

5 Fazit 93

5.1 Zielerreichung 93

5.2 Ausblick 94

Literaturverzeichnis IX

Internetquellen XXX

Abkürzungsverzeichnis

Abb.	Abbildung
AIDS	Acquired Immune Deficiency Syndrome
a. M.	am Main
Bd.	Band
BFuP	Betriebswirtschaftliche Forschung und Praxis
BMU	Bundesministerium für Umwelt, Naturschutz und Reaktorsicherheit
BP	British Petroleum
BSR	Business for Social Responsibility
CC	Corporate Citizenship
CO_2	Kohlenstoffdioxid
CR	Corporate Responsibility
CrM	Cause-related-Marketing
CSR	Corporate Social Responsibility
ebd.	ebenda
EUR	Euro
EuS	Ethik und Sozialwissenschaften
e. V.	eingetragener Verein
FMCG	fast moving consumer goods
GDP	Gross domestic production
GO	Govermental Organisations
GOTS	Global Organic Textile Standard
HBC	Hellenic Bottle Company
HIV	Humanes Immundefiziens-Virus
IAO	Internationale Arbeitsorganisation
ICC	International Chamber of Commerce
i. H. v.	in Höhe von

ILO	International Labour Organisation
ILS	International Labour Standards
imug	Instituts für Markt-Umwelt-Gesellschaft e. V.
ISO	International Standards Organisation
Jg.	Jahrgang
KOM	Kommission der europäischen Gemeinschaft
NGO	Non-Governmental Organization
OECD	Organisation for Economic Co-operation and Development
SA 8000	Social Accountability Standard
SAI	Social Accountability International
SZ	Süddeutsche Zeitung
UN	United Nations
UNICEF	United Nations International Children's Emergency Fund
USD	US Dollar
Vgl.	Vergleiche
WBCSD	World Business Council for Sustainable Development
WHO	World Health Organization
ZEE	Zeitschrift für Evangelische Ethik
ZfB	Zeitschrift für Betriebswirtschaft
ZfbF	Schmalenbachs Zeitschrift für betriebswirtschaftliche Forschung
ZFP	Zeitschrift für Forschung und Praxis
Zfwu	Zeitschrift für Wirtschafts- und Unternehmensethik

Tabellenverzeichnis

Tabelle I: Bausteine eines integrativen Ethikprogramms im Unternehmen 67

Abbildungsverzeichnis

Abbildung I: Methodologische Dreiteilung der allgemeinen Ethik 9

Abbildung II: Wirtschaftsethik innerhalb der angewandten Ethik 10

Abbildung III: Inhaltliche Ebenen der Wirtschaftsethik 13

Abbildung IV: Unternehmensethischer Entscheidungsprozess nach HOMANN 17

Abbildung V: Spannungsfeld zwischen Moral und Rentabilität 18

Abbildung VI: Informationsgewinnungs- und verarbeitungsprozess 24

Abbildung VII: Die Zwei-Welten-Konzeption der ethischen Theorie 28

Abbildung VIII: Ethik-Konzept nach ULRICH 32

Abbildung IX: Zielkonflikt zwischen Ethik und Profit 35

Abbildung X: Fünf Dimensionen-Konzept nach CHONKO 38

Abbildung XI: Konsumentensouveränitäts-Test (Consumer Sovereignty Test) 40

Abbildung XII: Das Four Part Model nach CARROLL 48

Abbildung XIII: Einstellung der Konsumenten zum ethischen Konsum (in % der Befragten) 60

Abbildung XIV: Ringe der Verantwortung 64

1 Einleitung

1.1 Problemstellung

Durch die Globalisierung und die damit einhergehenden neuen Herausforderungen, die sich innerhalb der Rahmenordnung für die Handlungen der Unternehmen ergeben, ist gleichermaßen die Bedeutung der Wirtschaftsethik gewachsen.[1] Die Unternehmen stehen mehr und mehr in der Pflicht Verantwortung für ihr Handeln zu übernehmen und Rechenschaft gegenüber den Stakeholdern abzulegen.[2] Die unternehmerischen Tätigkeiten auf globaler Ebene machen es zunehmend schwieriger die Konzerne auf politischer Ebene zu kontrollieren oder Regelungen durchzusetzen.[3] Es ergibt sich der dringende Bedarf einer praktikablen Wirtschaftsethik. Doch inwiefern ist eine Vereinbarkeit von Gewinnmaximierung und ethischem Handeln realisierbar?

Die Globalisierung hat ebenfalls Einfluss genommen auf die Marketingaktivitäten der international agierenden Unternehmen. Aggressive Wettbewerbsstrategien werden angewandt um neue Kunden oder sensiblere Kunden in den bestehenden und neuen Märkten für sich zu gewinnen.[4] Das Marketing, als Sprachrohr des Unternehmens zu den Konsumenten und zu allen weiteren Anspruchsgruppen,[5] soll dauerhaft die Kundenbedürfnisse befriedigen und die Unternehmensziele verwirklichen.[6] Umso wichtiger wird die Vermeidung von Fehlverhalten der Marketingmanager.[7] Konkret entsteht der Bedarf einer Marketingethik, die moralische Standards für Entscheidungen und Verhaltensweisen der Marketingmanager integriert.[8]

Die Globalisierung hat nicht nur die Herausforderungen der Unternehmen und der Politik verändert, sondern auch den Lebensstil der Konsumenten in den entwickelten Industriestaaten. Eine hohe Konsumrate, hoher Energieverbrauch und Ressourcenverzehr sowie steigende Müllberge, kennzeichnen den Konsumenten von heute.[9] Dieses Verhalten wird unterstützt von der durch das Marketing einiger Unternehmen propa-

---

[1] Vgl. Wallacher, J.; Reder, M.; Karcher, T. (2006), S. IX.
[2] Vgl. www.m1.uni-hannover.de/index.php?id=358, Abruf am 18.04.2011.
[3] Vgl. Wallacher, J.; Reder, M.; Karcher, T. (2006), S. IX.
[4] Vgl. Cui, G.; Choudhury, P. (2003), S. 364.
[5] Vgl. Schlegelmilch, B. B.; Götze, E. (1999), S. 4.
[6] Vgl. Meffert, H.; Burmann, C.; Kirchgeorg, M. (2008), S. 11.
[7] Vgl. Schlegelmilch, B. B.; Götze, E. (1999), S. 4.
[8] Vgl. Murphy, P. E. et al. (2005), XVII.
[9] Vgl. Schmeisser, W.; Rönsch, M.; Zilch, I. (2009), S. 136.

gierten Geiz-ist-Geil-Mentalität, welche mit einer sozialen Verantwortung von Unternehmen nicht vereinbar ist. Bereits im Jahr 1992 entsteht auf der UN-Konferenz für Umwelt und Entwicklung in Rio de Janeiro die „Agenda 21", die gezielt eine nachhaltige Entwicklung durch eine Änderung des Konsumentenverhaltens anstrebt.[10] Um das Verhalten der Konsumenten zu verändern, bedarf es einer Analyse ihrer Werte und welche ethischen Komponenten zu einem nachhaltigen Konsum führen.[11] Marketingmanager haben daraus die Themen Nachhaltigkeit, Umweltschutz und gesellschaftliches Engagement für sich entdeckt. Die Integration von Nachhaltigkeit in die Marketingstrategie allein reicht jedoch nicht aus. Hält ein Unternehmen sich nicht an die Umweltversprechen die es suggeriert, so kann sich das verheerend auf den Markenwert oder das Image auswirken.[12] Eine geeignete Corporate Social Responsibility-Strategie könnte der Schlüssel zum Erfolg sein.

1.2 Zielsetzung

Seit Jahrzehnten versuchen Wirtschaftsethiker einen Weg zu finden Ethik in die Wirtschaft zu integrieren. Den Unternehmen sollen Handlungsalternativen eröffnet werden, die es ihnen ermöglichen ethischen Anforderungen zu entsprechen und gleichermaßen das Unternehmensziel zu erreichen.

Gleiches Ziel verfolgt die Marketingethik. Marketingkonzepte, die lediglich ökonomisch ausgerichtet sind, reichen nicht mehr aus um den Ansprüchen der Stakeholder gerecht zu werden. Konzepte der Marketingethik sind fester Bestandteil von Diskussionen geworden.[13] Warum die Marketingethik besonders sensibel zu betrachten ist und warum ausgerechnet der Marketingmanager verstärkt dem Konflikt zwischen ökonomischer und ethischer Zielerreichung ausgesetzt ist, gilt es zu klären. Es steht außer Frage, dass Public Relations im klassischen Sinne nicht mehr ausreicht[14] um den unterschiedlichen Interessen der Stakeholder zu entsprechen.[15]

Das Ziel dieser Arbeit liegt zunächst darin die Notwendigkeit von Wirtschaftsethik herauszustellen und gleichermaßen die unabdingbare Forderung nach Marketingethik zu begründen. Weiterführend wird verdeutlicht, dass sich die Implementierung einer Marketingethik im Unternehmen lohnt, wenn man diese lebt. Um der Öffentlichkeit die Le-

---

[10] Vgl. Vereinte Nationen (1992), S. 18ff.

[11] Vgl. Öberseder, M.; Schlegelmilch, B. B. (2010), S. 53f.

[12] Vgl. Kirn, F. M. (2009), S. 3.

[13] Vgl. Meffert, H. (1999), S. 9.

[14] Vgl. Schlegelmilch, B. B.; Götze, E. (1999), S. 16.

[15] Vgl. Löhr, A. (1996), S. 72.

bensweise dieser Marketingethik zu beweisen, wird Corporate Social Responsibility (CSR) als ein geeignetes Instrument dargestellt.

Anhand des Praxisbeispiels der Firma Benetton wird auf der einen Seite eine revolutionäre Art der Werbung unter ethischen Gesichtspunkten vorgestellt, welche gleichermaßen die Herausforderungen der Globalisierung auf sich nehmen sollte. Auf der anderen Seite dient das Praxisbeispiel als unbedingte Forderung, Ethik nicht nur zu kommunizieren, sondern als Unternehmen zu leben.

1.3 Gang der Untersuchung

Im Anschluss an die Einleitung, die die Problematik als auch die Zielsetzung des Themas in sich vereint, werden im zweiten Kapitel die theoretischen Grundlagen geklärt. Beginnend mit der Erläuterung, durch welche Faktoren Wirtschaftsethik steigende Bedeutung erlangt (vgl. Kapitel 2.1), werden daraufhin die Begriffe Ethik und Wirtschaftsethik definiert und abgegrenzt (vgl. Kapitel 2.2 - 2.3). Es wird deutlich, dass die unternehmerischen Tätigkeiten auf globaler Ebene nicht länger durch unsere Rahmenordnung kontrolliert und bestimmt werden können.[16] Welche Konzepte zur Lösung dieses Problems innerhalb der Wirtschafsethik existieren, wird in Kapitel 2.4 anhand der Ansätze von HOMANN, STEINMANN und ULRICH dargestellt.

Der folgende Gliederungspunkt (vgl. Kapitel 2.5) beschäftigt sich mit der Marketingethik. Beginnend mit dem Begriff, wird im Anschluss die Entwicklung des Forschungsgebietes der Marketingethik untersucht. Näher eingegangen wird auf die Marketingmanager und aus welchen Gründen sie sich mehr als andere Manager in ethischen Dilemmasituationen befinden. In Kapitel 2.5.4 werden drei Konzepte der Marketingethik vorgestellt. Darauf folgend werden zwei Möglichkeiten aufgezeigt, die eine erfolgreiche Implementierung von Ethik im Marketing gewährleisten können.

Um die Verbindung von Marketingethik und der CSR herstellen zu können, widmet sich das dritte Kapitel dem letzteren Thema. Beginnend mit der Definition und der Entwicklung von CSR hin zu den Prinzipien. Kapitel 3.2 beantwortet die Frage, ob ein Business Case CSR existiert, d. h. ob soziale Verantwortung unter bestimmten Gesichtspunkten durchaus profitabel sein kann. Um erfolgreich CSR umsetzen zu können, ist es notwendig die treibende Kraft dahinter zu kennen. Als besonders mächtiger Treiber gelten der Konsument und der Manager, der CSR letztendlich zum Bestandteil seiner Strategie werden lässt (vgl. Kapitel 3.3). Wie das Unternehmen letztendlich die CSR-Kommunikation auf einem glaubwürdigen Niveau gestaltet, zeigt Kapitel 3.4.

---

[16] Vgl. Wallacher, J.; Reder, M.; Karcher, T. (2006), S. IX.

Der Praxisbezug im vierten Kapitel wird erst auf die Marketingethik und anschließend auf die CSR angewandt. Diese getrennte Betrachtung wurde vorgenommen, um die Wichtigkeit der CSR als Instrument der Marketingethik zu verdeutlichen. Benetton liefert den Beweis dafür, dass Ethik im Marketing sich lohnt. Gleichzeitig zeigt Benetton, dass Marketingethik ohne CSR zu einem Glaubwürdigkeitsverlust und letztendlich zum Imageschaden führen kann.

2 Theoretische Grundlagen der Wirtschaftsethik

2.1 Bedeutung der Wirtschaftsethik

Wirtschaftsethik gewinnt sowohl in der Wissenschaft als auch in der Praxis immer mehr an Bedeutung.[17] Aufgrund der Macht und des Einflusses der Wirtschaft auf die Gesellschaft, wird das Verstehen der Wirtschaftsethik für Unternehmen und Stakeholder immer wichtiger.[18] Die vielfältigen Handlungen der gesellschaftlichen Akteure in einer transnational vernetzten Welt auf globalen Märkten, gilt es zu koordinieren und gleichermaßen miteinander zu verknüpfen. Die Dynamik der Informations- und Kommunikationstechnologien und der Logistik sowie die Integration von Staaten und Märkten nehmen beschleunigten Charakter an.[19]

Während die Wissenschaft über das Ziel der wirtschaftlichen Dynamik debattiert, stellt man sich in der Praxis die Frage nach der Umsetzung theoretischer wirtschaftsethischer Ansätze (vgl. Kapitel 2.3) verbunden mit der Erzielung von Gewinnen.[20] Als Gründe für die zunehmende wirtschaftsethische Diskussion[21] nennt ENDERLE das Herausforderungs-, das Ökonomisierungs- und das Skandalargument:[22]

- Das Skandalargument bezieht sich z. B. auf Umweltskandale, wie jüngst BP im Golf von Mexiko[23], Wirtschaftsskandale, wie im Falle Worldcom mit 3,85 Mrd.

---

[17] Vgl. Pech, J. C. (2007), S. 1.
[18] Vgl. Crane, A.; Matten, D. (2007), S. 9.
[19] Vgl. Bickenbach, F.; Sotwedel, R. (1996a), S. 16.
[20] Vgl. Pech, J. C. (2007), S. 2.
[21] Vgl. Meran, J. (1992), S. 45.
[22] Vgl. Enderle, G. (1993), S. 14.
[23] Vgl. www.fairschreiben.de/index.php/neuer-skandal-bei-bp/2010-07-29/, Abruf am 10.01.2011.

USD Falschbuchungen[24] oder Lebensmittelskandale (u. a. DIOXIN-verseuchtes Futtermittel[25]).

- Das Ökonomisierungsargument stellt die Gesamtgesellschaft sowie die immer stärkere Ökonomisierung der Lebenszusammenhänge in den Fokus. Betrachtet wird die Effizienz von Bereichen wie Politik und Bildung sowie die Ehe als Institution.[26]

- Das Herausforderungsargument richtet sich ein bis zwei Jahrzehnte in die Zukunft. Betrachtet werden zukünftige Herausforderungen der Unternehmen und der Gesellschaft. Beispielhaft für Deutschland ist die immer älter werdende Gesellschaft[27] bei rückgängiger Geburtenrate[28] und die damit nicht mehr zweckmäßige gesetzliche Rentenversicherung[29]. Währenddessen sich die Unternehmen ständigen Strukturveränderungen, immer kürzeren Produktlebenszyklen[30], Rohstoffverknappungen[31] und die weltweit verschärfte Wettbewerbssituation im Kampf um Absatzmärkte[32] ausgesetzt sehen.

Die Herausforderungen verdeutlichen die daraus resultierende Unsicherheit für alle Akteure des Marktes und den damit verbundenen Vertrauensverlust,[33] Ende 2007 nochmals verstärkt durch die weltweite Finanzkrise.[34] KARMASIN sieht in den kulturellen und historischen Herausforderungen die Begründung der Ethik. Marktversagen oder die Forderung gesellschaftliche Probleme zu bewältigen, fordern eine

---

[24] Vgl. www.wallstreet-online.de/diskussion/617922-1-10/worldcom-weitere-3-3-mrd-dollarfalsch -verbucht, Abruf am 10.01.2011.

[25] Vgl. www.faz.net/s/RubEC1ACFE1EE274C81BCD3621EF555C83C/Doc~EBEE461444F984654B2 00310DAC2FD2BD~ATpl~Ecommon~Scontent.html, Abruf am 10.01.2011.

[26] Vgl. Pech, J. C. (2007), S. 4.

[27] Vgl. www.welt.de/politik/deutschland/article6599099/Altkanzler-Helmut-Schmidt-fordert-Rente-mit-70.html, Abruf am 10.01.2011.

[28] Vgl. www.spiegel.de/wissenschaft/mensch/0,1518,695184,00.html, Abruf am 10.01.2011.

[29] Vgl. Bickenbach, F.; Sotwedel, R. (1996a), S. 34.

[30] Vgl. Freiling, J.; Reckenfelderbäumer, M. (2010), S. 197.

[31] Vgl. Bickenbach, F.; Sotwedel, R. (1996a), S. 36; www.karlsruhe.ihk.de/innovation/Industrie/IndustrieAktuell/720378/Rohstoffverknappung_nimmt _zu.html, Abruf am 10.01.2011.

[32] Vgl. www.bpb.de/publikationen/SN187N,1,0,Gesellschaften_unter_Globalisierungsdruck.html, Abruf am 10.01.2011.

[33] Vgl. Rösler, P.; Lindner, C. (2009), S. 128.

[34] Vgl. www.abendblatt.de/wirtschaft/article1029525/Verbraucherschuetzer-kritisieren-neue-Leitlinien-der-Banken.html, Abruf am 10.01.2011.

ethische Neuordnung der Wirtschaft.[35] Man stellt ein System, wie beispielsweise die soziale Marktwirtschaft, dann in Frage, wenn es nicht mehr funktioniert. Jedoch nicht so lange es den Menschen Wohlstand und Sicherheit gewährt. Soziale, kulturelle und ökologische Probleme sind Auslöser für die Notwendigkeit der Reethisierung der Wirtschaft.[36] Der Mensch besinne sich demnach als Ersatzorientierung zu normativen Dimensionen menschlichen Handelns, wenn sich derzeitige Orientierungen nicht mehr als Ideal erweisen. KARMASIN unterscheidet das Herausforderungsargument ENDERLES zwischen ökologischer und kultureller Krise als wirtschaftsethische Herausforderung.[37]

- Ökologische Krise

  Die Weltwirtschaft erzielte 2010 eine GDP von 74,48 Trillionen USD, die industrielle Produktion stieg um 4,6 %.[38] Als Folge daraus resultieren Umweltverschmutzung und massiver Ressourcenverzehr. Während eine Umweltsensibilität[39] bereits teilweise in den Köpfen verankert ist (z. B. Deutschland), stehen die ökonomisch-technische Macht anderer Nationen (z. B. China) und deren praktische Verantwortung im Missverhältnis. Verschwenderische Nutzung von Rohstoffen sowie die konsequente Ignoranz von Umweltstandards führen langfristig zu einem globalen Niedergang der Folgegenerationen.[40] Ökologische Gerechtigkeit könne nach HAUFF durch das Handeln nach folgenden zwei Grundsätzen erreicht werden:

  1. Der Mensch solle durch sein Handeln und seine Entscheidungen die artgemäße Entfaltung und das bloße Überleben der Menschen sichern, nicht gefährden.

  2. Gleichermaßen solle das eigene und das Leben anderer in allen Bereichen (u. a. körperlich, intellektuell, emotional, sozial, moralisch) erhalten und entfaltet werden, nicht gemindert.[41]

---

[35] Vgl. Karmasin, M. (1996), S. 55.
[36] Vgl. Koslowski, P. (1994), S. 338.
[37] Vgl. Karmasin, M. (1996), S. 56ff.
[38] Vgl. www.cia.gov/library/publications/the-world-factbook/geos/xx.html, Abruf am 10.01.2011.
[39] Vgl. Zillessen, R. (1991), S. 20.
[40] Vgl. Karmasin, M. (1996), S. 57f.
[41] Vgl. Lay, R. (1992), S. 45f.

Aus den ökologischen Veränderungen und den sich daraus ergebenen negativen externen Effekten, reflektiert sich die Ökonomie selbst,[42] genauer formuliert in der Wirtschaftsethik.[43] Die heutigen Unternehmen unterliegen einem Ethik-Bedarf. Durch die Internalisierung der Tatsache, dass sich die Wirtschaft in einer ökologischen Krise befindet,[44] kann der Wert der Natur erhalten werden.[45]

- Kulturelle Krise

Von den ca. 6,29 Milliarden Menschen auf der Erde,[46] hungern ca. 925 Millionen Menschen weltweit.[47] Dennoch wurden im Jahr 2008 / 2009 u. a. 840 Millionen Tonnen Mais geerntet.[48] So stellt sich die Frage nach der Rechtfertigung des westlichen Lebensstandards.[49] Die soziale Gerechtigkeit ist als ein weltweites Problem zu sehen. Die weite Kluft der Lebensverhältnisse, beispielsweise zwischen der westlichen Welt und den Entwicklungsländern, gilt es auszugleichen.[50] HENGSBACH fordert sogar, dass die Bevölkerungsmehrheit in den Entwicklungsländern am wirtschaftlichen Wohlstand beteiligt werde.[51]

Doch sind nicht nur die Verteilungsprobleme erwähnenswert. In der heutigen multikulturellen Gesellschaft, fehlt es ebenfalls an kulturellem Ausgleich. Darüber hinaus lassen sich auch innergesellschaftliche Ausgleichsbedürfnisse feststellen. Dazu zählen Ungleichgewichte in den Bereichen Bildung (z. B. Fachkräftemangel in Deutschland[52]), Arbeitsmarktungleichgewichte (z. B. erreichtes Höchstniveau der Arbeitslosenquoten von 15 bis 24 jährigen im Jahre 2010 i. H. v. 81 Millionen[53]), das Arbeiten in hochspezialisierten und komplexen Organisationen und die damit

---

[42] Vgl. Kaiser, H. (1992), S. 15.

[43] Vgl. Wieland, J. (1990), S. 147f.

[44] Vgl. Korff, W. (1992), S. 534.

[45] Vgl. Karmasin, M. (1996), S. 60.

[46] Vgl. www.cia.gov/library/publications/the-world-factbook/geos/xx.html, Abruf am 10.01.2011.

[47] Vgl. www.welthungerhilfe.de/grafik-weltweites-hungern.html, Abruf am 10.01.2011.

[48] Vgl. de.statista.com/statistik/daten/studie/157859/umfrage/getreideproduktion-weltweit/, Abruf am 24.01.2011.

[49] Vgl. Deutscher Bundestag (2002), S. 564.

[50] Vgl. Hesse, H. (1992), S. 39.

[51] Vgl. Hengsbach, F. (1992), S. 120.

[52] Vgl. www.taz.de/1/zukunft/wirtschaft/artikel/1/wachmaenner-mit-hochschulabschluss/, Abruf am 11.02.2011.

[53] Vgl. www.derwesten.de/nachrichten/wirtschaft-und-finanzen/Weltweit-81-Millionen-junge-Menschen-ohne-Job-id3541284.html, Abruf am 11.02.2001.

erwartete Flexibilität, die steigende Frauenerwerbstätigkeit und die Überalterung der Gesellschaft auf Kosten der jüngeren Generation.[54] Für letzeres prognostiziert HAUFF einen bisher noch nie da gewesenen und dramatischen Konflikt der Generationen.[55]

Die Wirtschaftsethik begründet sich durch die Beteiligung der Wirtschaft an den o. g. dynamischen Veränderungen. Die an jeden Einzelnen gestellten neuen Herausforderungen wecken das Bedürfnis nach Entscheidungs- und Handlungsrichtlinien durch die Wirtschaftsethik.[56] Traditionelle Institutionen wie die Kirche oder der Staat allein, scheinen dieser Aufgabe nicht mehr gewachsen zu sein.[57] Dem Staat gelingt es immer weniger Regelungen zu definieren und festzulegen, aufgrund der globalen Wirtschaft und den dazu gehörenden multinational agierenden Unternehmen.[58] Wissenschaftliche Experten sind gefragt, die Antworten für unsere multikulturelle, arbeitsteilige und wertpluralistische Lebenswelt zu geben. Die Politik, die Unternehmen und ihre Manager sowie jeder Arbeiter und Angestellte sollten sich mit den Themen, die uns alle betreffen, beschäftigen.[59]

2.2 Definition und Begriffsabgrenzung der Ethik

Die methodische, durch die Vernunft bestimmte Reflexion oder wissenschaftliche Auseinandersetzung mit der Moral bezeichnet man als Ethik.[60] ARISTOTELES führte Ethik als eigenständige Disziplin in die Wissenschaft ein.[61] Die Moral bildet den mit Normen gefüllten Rahmen eines sozialen Systems, der das Soll-Verhalten der Menschen untereinander festlegt.[62] Allgemeingültige Handlungsweisen bzw. Vorschriften werden als Normen bezeichnet.[63]

Die persönliche Einstellung und die Tugenden der Menschen sowie die Ausrichtung ihres Handelns an moralischen Grundsätzen, sind innerhalb der Ethik ein wichtiger

---

[54] Vgl. Karmasin, M. (1996), S. 64ff.
[55] Vgl. Hauff, V. (1991), S. 79.
[56] Vgl. Homann, K. (1997), S. 11.
[57] Vgl. Karmasin, M.; Litschka, M. (2008), S. 9f.
[58] Vgl. Rieth, L.; Göbel, T. (2005), S. 245.
[59] Vgl. Karmasin, M.; Litschka, M. (2008), S. 9f.
[60] Vgl. Pieper, A. (2000), S. 17; Pech, J. C. (2007), S. 32; Karmasin, M.; Litschka, M. (2008), S. 14.
[61] Vgl. Pech, J. C. (2007), S. 32.
[62] Vgl. Prechtl, P. (1996), S. 338f.
[63] Vgl. Höffe, O. (1992), S. 69.

Bestandteil. Als Ethos werden die Einstellung des Menschen, seine Haltung und seine innere Moral zum ethischen Handeln bezeichnet. Entscheidend ist, dass die Person, die Ethos besitzt, nach bestimmten Normen handelt, weil sie diese aus Überzeugung internalisiert hat. Es geht demnach nicht um die Angst vor Sanktionen bei einem Verstoß gegen die Norm.[64] Innerhalb der Ethik unterscheidet man zwischen der allgemeinen und der angewandten Ethik. Die allgemeine Ethik kann methodologisch wie folgt aufgeteilt werden:

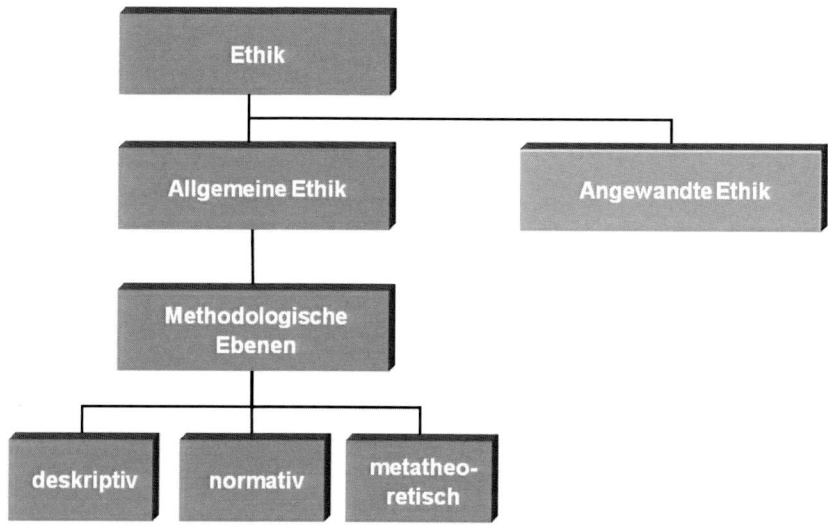

Abbildung I: Methodologische Dreiteilung der allgemeinen Ethik[65]

- Deskriptive Ethik

  Normensysteme und Wertvorstellungen werden unter Berücksichtigung kultureller, ökonomischer und regionaler Einflussfaktoren hinsichtlich ihrer Geltungsansprüche analysiert.[66] Es wird herausgestellt was zu einem bestimmten Zeitpunkt von einer Gesellschaft für gut geheißen wird. Es erfolgt eine Aufnahme des Ist-Zustandes an Wertvorstellungen und Empfindungen vom guten und bösen Handeln.[67]

- Normative Ethik

---

[64] Vgl. Karmasin, M.; Litschka, M. (2008), S. 14.
[65] Selbsterstellte Abb., in Anlehnung an: Karmasin, M.; Litschka, M. (2008), S. 26.
[66] Vgl. Pech, J. C. (2007), S. 34.
[67] Vgl. Bobbert, M. (2001), S. 13.

Die Frage nach und die Begründung des Guten und Schlechten sowie die Analyse des Maßstabes für moralisch gutes Handeln zur Formulierung eines Soll-Zustandes werden innerhalb der normativen Ethik untersucht.[68] Die deskriptive Ethik unterscheidet sich von der normativen Ethik folglich durch den Wechsel vom Ist- zum Soll-Zustand. Es wird definiert wie der Mensch aus rational nachvollziehbaren Gründen handeln soll.

- Metatheoretische Ethik

  Die Metaethik wird auch als Metatheorie der normativen Ethik bezeichnet.[69] Die Ethik reflektiert sich selbst kritisch durch die Untersuchung der Sprache und der Logik der Ethik[70] innerhalb moralischer Diskurse, der Normbegründung und der Tauglichkeit ethischer Theorien.[71]

2.3 Definition und Begriffsabgrenzung der Wirtschaftsethik

Die angewandte Ethik mit ihren spezialisierten Bereichen, wie u. a. der Bio- und Rechtsethik, beschäftigt sich auch mit dem Themenbereich der Wirtschaftsethik.

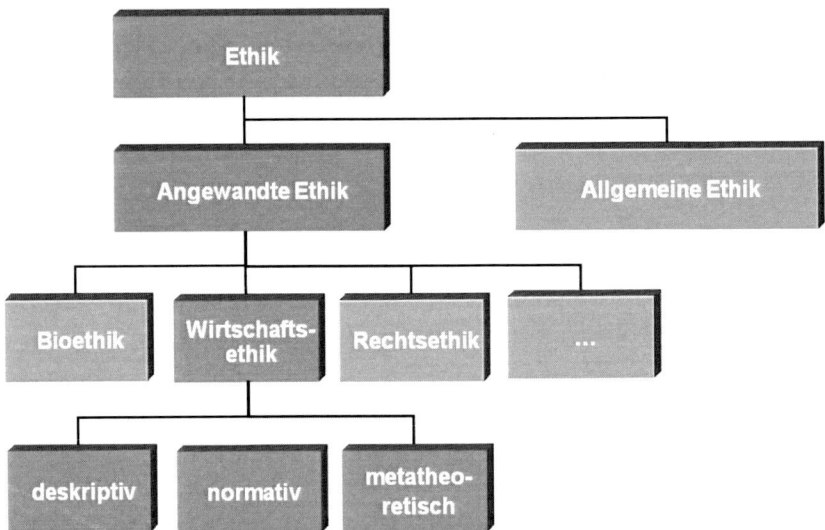

Abbildung II: Wirtschaftsethik innerhalb der angewandten Ethik[72]

---

[68] Vgl. Pech, J. C. (2007), S. 34; Karmasin, M.; Litschka, M. (2008), S. 14.
[69] Vgl. Nida-Rümelin, J. (1996), S. 4.
[70] Vgl. Karmasin, M.; Litschka, M. (2008), S. 14.
[71] Vgl. Pech, J. C. (2007), S. 34.
[72] Selbsterstellte Abb., in Anlehnung an: Karmasin, M.; Litschka, M. (2008), S. 26ff.

Die methodologische Dreiteilung innerhalb der Wirtschaftsethik[73] bezieht sich auf folgende Untersuchungsaspekte:

- Deskriptive Wirtschaftsethik

    Existierende Probleme der Moral innerhalb der Gesellschaft, wie u. a. Kinderarbeit, Korruption, Arbeitslosigkeit, ungleiche Einkommensverhältnisse, etc..

- Normative Wirtschaftsethik

    Aus den Methoden und Denkweisen der Ökonomie und der Philosophie, werden Grundsätze für richtige Handlungsweisen abgeleitet. Darüber hinaus beurteilt die normative Wirtschaftsethik, die deskriptiv vorgefundenen Handlungsweisen und Normen. Dabei werden Phänomene nach ethischen Ansätzen hin analysiert. Beispielsweise ist eine ungleiche Einkommensverteilung weder einer Norm verpflichtend (deontologisch) noch nutzenmaximierend (utilitaristisch).[74]

- Metatheoretische Wirtschaftsethik

    Wie bereits beschrieben, befasst sich die metatheoretische Ethik mit Begriffen, Sätzen und der Sprache. Argumentationen werden auf ihre Stichhaltigkeit hin überprüft. Metatheoretische Wirtschaftsethik lehnt es beispielsweise ab, etwas aus der Tatsache eines Zustandes heraus zu begründen. Liegt Kinderarbeit bereits lange in einer Gesellschaft vor, so könnte diese sich andernfalls aus diesem Grund als akzeptabel qualifizieren.

Obwohl der Begriff Wirtschaftsethik vermehrt in internationalen Publikationen verwendet wird, ist eine einheitliche Definition und eine klare Abgrenzung nicht erkennbar. Bisherige Forschungsansätze befassen sich meist mit einem Teilaspekt der Wirtschaftsethik, auf den sie ihren Ansatz aufbauen.[75]

Wirtschaftsethik wird in der Literatur, u. a. von LUHMANN, zugespitzt als Oxymoron formuliert[76], da zwei kontroverse Konzepte, die der Wirtschaft und der Ethik, verbunden werden.[77] Daraus resultiert die Annahme, dass es in der Wirtschaft keine Ethik gibt und Unternehmen unethisch und unmoralisch handeln.[78] Diese These wird u. a. von COLLINS wiederlegt, in dem er die Notwendigkeit ethischer Standards im wirtschaftlichen

---

[73] Vgl. Lenk, H.; Maring, M. (1996), S. 8.
[74] Vgl. Karmasin, M.; Litschka, M. (2008), S. 26.
[75] Vgl. Pech, J. C. (2007), S. 20.
[76] Vgl. Abel, B. (2004), S. 300; Guggenberger, W. (2007), S. 94; Becker, G. K. (2010), S. 299.
[77] Vgl. Collins, J. W. (1994), S. 1; Karmasin, M. (1996), S. 92f.
[78] Vgl. Crane, A.; Matten, D. (2007), S. 4.

Handeln als Voraussetzung sieht.[79] Ehre, Vertrauen und Kooperation werden im täglichen Geschäftsleben verlangt.[80] Wirtschaften wäre unmöglich, würden Manager sich stets der Lüge hingeben, Käufer und Verkäufer sich misstrauen und Arbeitskollegen sich nicht gegenseitig unterstützen. Wirtschaftsethik existiert demnach und lässt uns erkennen, was falsch und richtig ist. CRANE und MATTEN definieren den Begriff aus wissenschaftlicher Sicht als „the study of business situations, activities, and decisions where issues of right and wrong are addressed".[81] Wirtschaftethik wird zur Wissenschaftstheorie der Ökonomie.[82] Die Wirtschaftsethik hat die Aufgabe die Disziplin der Ökonomie mit der Ethik zu verknüpfen.[83] Während die Welt der Ethik sich die Frage nach der Legitimation menschlichen Handelns stellt und wie das Allgemeinwohl definiert ist und erreicht werden kann, untersucht die Ökonomik die effiziente Nutzung knapper Ressourcen[84] und orientiert sich am homo oeconomicus.[85] Der homo oeconomicus handelt als rational agierendes Wirtschaftssubjekt, dessen Ziel es ist seine wirtschaftlichen Vorteile zu maximieren.[86] Die Beantwortung der Fragen nach ethisch vertretbarem Handeln und wie man dieses durch Systeme, Konzepte und Regeln fördern kann, obliegt der Aufgabe der Wirtschaftsethik.[87]

Die Wirtschaftsethik kann inhaltlich in drei Ebenen gemäß nachfolgender Abbildung unterteilt werden:

---

[79] Vgl. Collins, J. W. (1994), S. 2.
[80] Vgl. Watson, T. J. (1994), S. 78ff.
[81] Crane, A.; Matten, D. (2007), S. 5.
[82] Vgl. Meran, J. (1991), S. 21.
[83] Vgl. Meran, J. (1987), S. 35.
[84] Vgl. Ziegler, A. (1987), S. 14.
[85] Vgl. Karmasin, M.; Litschka, M. (2008), S. 20f.
[86] Vgl. Schanz, G. (1978), S. 23.
[87] Vgl. Noll, B. (2002), S. 34

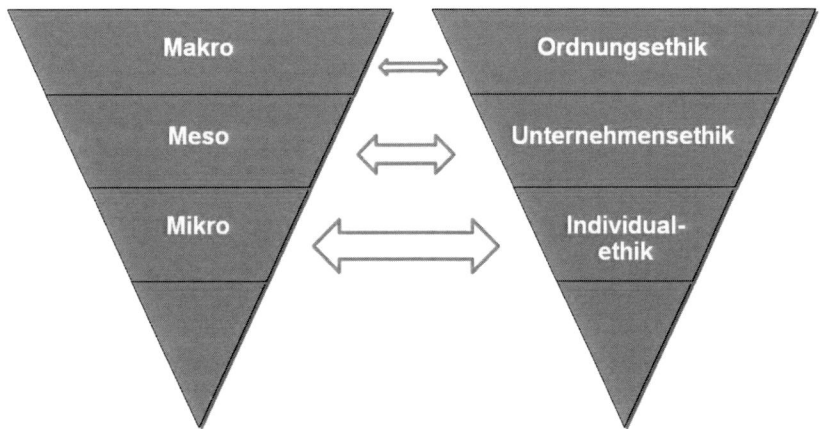

Abbildung III: Inhaltliche Ebenen der Wirtschaftsethik[88]

Ein Phänomen der Moral kann demnach mindestens einer Ebene zugeordnet werden. Überschneidungen sind genau wie im Bereich der Verantwortlichkeiten möglich. Wird ein Manager beispielsweise im Geschäftsverkehr korrupt, so ist gleichermaßen das Unternehmen mitverantwortlich, welches die Korruption nicht verhindert hat.

Die Wirtschaftsordnung wird auf der Makroebene, und somit innerhalb der Ordnungsethik, analysiert. Ethische Anforderungen im Zusammenhang mit einem marktwirtschaftlichen System gilt es zu beleuchten.[89] Diese Rahmenordnungen zielen in der heutigen global vernetzten Welt, auch auf die Lösung suprastaatlicher Probleme ab.[90] Mögliche Verantwortliche für diese Ebene sind insbesondere Politiker, aber auch NGOs und gesellschaftspolitisch Interessierte. Eine wichtige Rolle spielen hier die Medien und die Öffentlichkeit. Innerhalb der Mesoebene wird ein Unternehmen betrachtet als moralische Person mit konkreter Verantwortung.[91] Diese Verantwortung kann ein Unternehmen durch Unternehmensstruktur oder Unternehmenskultur determinieren. So führen immer mehr Unternehmen einen Code of Conduct ein, um ihre Mitarbeiter moralisch vertretbar zu lenken. Ein Code of Conduct definiert Verhaltensregeln für die Mitarbeiter, die einem hohen Verbindlichkeitsgrad unterliegen.[92] Die Mikroebene thematisiert das Individuum mit seinen Pflichten und Tugenden gegenüber der Gesell-

---

[88] Selbsterstellte Abb., in Anlehnung an: Karmasin, M.; Litschka, M. (2008), S. 26.
[89] Vgl. ebd., S. 27.
[90] Vgl. Pech, J. C. (2007), S. 42.
[91] Vgl. Wirz, S. (2001), S. 416.
[92] Vgl. Dietzfelbinger, D. (2008), S. 161ff.

schaft.[93] Die drei Ebenen sind miteinander wechselseitig verknüpft und bauen aufeinander auf.[94]

2.4 Klassische Vertreter der Wirtschaftsethik

2.4.1 Ordnungsethischer Ansatz nach HOMANN

2.4.1.1 Die Rahmenordnung als systematischer Ort der Moral

Der Ansatz von KARL HOMANN und seinen Mitarbeitern, darunter insbesondere FRANZ BLOME-DREES, befasst sich mit der Implementierung von Idealen und moralischen Normen innerhalb einer wettbewerbsorientierten Marktwirtschaft des westlichen Typs[95] und den sich daraus ergebenden Bedingungen.[96] ADAM SMITH und sein klassisch ökonomischer Ansatz, in dem der Wohlstand vom verstandenen Eigennutz abhängt, wird von HOMANN erneut aufgegriffen.[97] Er passt das Modell an die aktuellen Bedingungen an, in denen noch heute gilt, dass die Wirtschaft über ihre eigenen Gesetzmäßigkeiten verfügt, die zum einen zum Funktionieren des wirtschaftlichen Systems, zum anderen zum Wohlstand beitragen.[98] Durch den bestehenden Wettbewerb ist jeder Wirtschaftsakteur dazu angetrieben, seine Kostenstruktur möglichst minimal zu halten. Gleichermaßen führt das Ziel der Gewinnmaximierung im freien Wettbewerb zur Erhöhung des Gemeinwohls. Daraus resultiert das Ziel der Gewinnmaximierung als legitimes Ziel der Unternehmen.[99]

Eine funktionierende Wirtschaft ist spezialisiert und stark arbeitsteilig ausgeprägt. Hinzu kommen steigende Komplexität, hohe Interdependenzen sowie anonyme Austauschprozesse.[100] Daraus entsteht ein hoher Bedarf an Koordination und Abstimmung, welche in der modernen Gesellschaft durch gemeinsame Regeln gewährleistet wird. Dabei gibt die Rahmenordnung den gesetzlichen Rahmen vor, in dem die handelnden Akteure ihre Ziele verfolgen.[101] Die Rahmenordnung, deren Rahmen u. a. geschaffen wird durch die Verfassung, die Gesetzgebung, die Wettbewerbsordnung, aber

---

[93] Vgl. Pech, J. C. (2007), S. 42; Karmasin, M.; Litschka, M. (2008), S. 27.
[94] Vgl. Krämer, H. (1983), S. 17.
[95] Vgl. Homann, K. (1994), S. 111.
[96] Vgl. Friske, C. (2005), S. 37.
[97] Vgl. Homann, K. (1994), S. 120.
[98] Vgl. Homann, K.; Blome-Drees, F. (1992), S. 22.
[99] Vgl. Pech, J. C. (2007), S. 69.
[100] Vgl. Homann, K. (1992), S. 77.
[101] Vgl. Homann, K.; Blome-Drees, F. (1992), S. 35; Mühlbacher, M.; Oestringer, K. (2005), S. 25.

auch durch moralische Überzeugungen sowie Verhaltensstandards kultureller Art, legitimieren die gesellschaftliche Moral.[102] Dauerhaft können moralische Normen lediglich mithilfe der Rahmenordnung durchgesetzt werden. Die Rahmenordnung stellt somit den systematischen, nicht den einzigen, Ort der Moral dar.[103] Das Problem ist, dass Rahmenbedingungen aufgrund von bisher fehlenden gesetzlichen Regelungen und durch soziale und technische Entwicklungen, nicht vollständig sein können. Die vollkommene politische Kontrolle und Überwachung ist unmöglich. Diese Lücke innerhalb der Rahmenordnung gilt es mithilfe der Unternehmensethik zu schließen.[104] Moral sei nur in und durch die Wirtschaft zu legitimieren.[105] Es entsteht demnach der Bedarf moralischer Verantwortungsübernahme durch die Unternehmen. Auch die Öffentlichkeit sieht ein gewinnorientiertes und legales Handeln von Unternehmen längst nicht mehr als ausreichend an, sondern stellt den Anspruch nach gesellschaftspolitischen und moralischen Zielen.[106]

2.4.1.2 Bedeutung moralischer Normen für Unternehmen

Ohne Vorsprungsgewinne können sich Unternehmen, die im Wettbewerb stehen nicht freiwillig moralisch einsetzen. Ohne die Erzielung von Überschüssen sich demnach nicht für soziale Zwecke engagieren. Moralisch handelnde Unternehmen können weiterführend durch ihren verantwortlichen oder ökologischen Einsatz Wettbewerbsnachteile einbüßen oder im worst case vom Markt verdrängt werden.

Dennoch sei eine Übernahme von Verantwortung durch die Unternehmen im Falle von Defiziten in der Rahmenordnung unbedingt notwendig, wenn auch nur für begrenzte Dauer. Die Lücke soll durch die Unternehmen bis zur Legitimation durch die Rahmenordnung übernommen werden. Ob es sich um vergessene Gesetze handelt, auf die erst durch einen aktuellen Problemfall aufmerksam gemacht wird, oder um aktuell entstandene Probleme, resultierend aus Fortschritten in Forschung und Technik (z. B. Gentechnik) sowie aus neuen Anforderungen durch die Globalisierung. Die Verantwortung der einzelnen Unternehmen ist gefragt. Erwartet wird ihr Einsatz für kollektive und wettbewerbsneutrale Regelungen, die durch ihre allgemeine Gültigkeit den Rahmen für alle bilden und sich aus der Freiwilligkeit des Einzelnen heraus eine Pflicht für das Kollektiv ergibt.[107] Die Regeln innerhalb der Politik sind so zu gestalten, dass sich ein Ver-

---

[102] Vgl. Homann, K. (1992), S. 77.
[103] Vgl. Berkel, K.; Herzog, R. (1997), S. 42ff; Homann, K.; Blome-Drees, F. (1992), S. 37.
[104] Vgl. Hütte, J. (2002), S. 103; Friske, C. (2005), S. 38.
[105] Vgl. Homann, K.; Pies, I. (1994), S. 11.
[106] Vgl. Berkel, K.; Herzog, R. (1997), S. 42ff.
[107] Vgl. Homann, K. (1992), S. 79f.

stoß sanktionsbedingt nicht mehr lohnt.[108] Gleichzeitig ist jedoch vorauszusetzen, dass die Regelungen die Zustimmung aller genießen, denn nur so können gute Ergebnisse erzielt und die Leistungsbereitschaft aller entwickelt werden.[109]

Unternehmen, deren Gewinnsituation besonders gut ausgestattet ist, können, müssen jedoch nicht, sich in Teilbereichen wie z. B. Umweltprobleme, einsetzen. Durch Investitionen in beispielsweise verbesserte umweltfreundliche Prozesse, leisten sie zum einen einen technischen Beitrag, zum anderen einen Beitrag für die Vervollständigung der Rahmenordnung. Zugleich kann ein Imagegewinn erzeugt und Druck auf andere Wettbewerber ausgeübt werden. Moralische Investitionen können Kostensteigerungen bedeuten. Dennoch kann es sich langfristig lohnen, wenn das Unternehmen daraus einen Wettbewerbsvorteil für sich generieren kann. Z. B. kann durch die Herstellung umweltfreundlicher und gesunder Produkte der Konsum mit entsprechendem Marketing angekurbelt werden.[110]

2.4.1.3 Unternehmensethische Herausforderungen

Aufgabe der Unternehmensethik ist es konkrete Handlungsempfehlungen zu formulieren, mit Hilfe derer die Unternehmen die Legitimationsverantwortung für das wirtschaftliche Handeln übernehmen können. Hierfür haben HOMANN und seine Mitarbeiter folgendes dreistufiges Modell entwickelt:

---

[108] Vgl. Homann, K. (1995), S. 7; Güldner, I. (2007), S. 10.

[109] Vgl. Hobbes, T. (1980), S. 119; Bickenbach, F.; Sotwedel, R. (1996b), S. 7.; Homann, K.; Gerecke, U. (1999), S. 453.

[110] Vgl. Homann, K. (1992), S. 79ff.

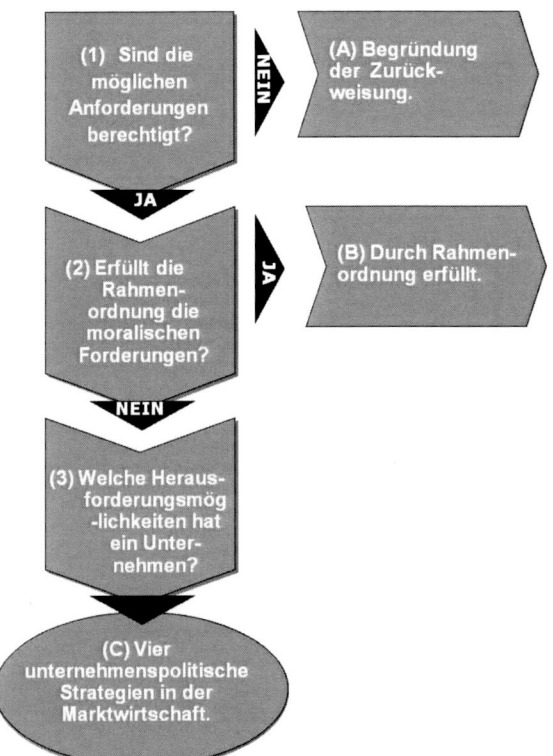

Abbildung IV: Unternehmensethischer Entscheidungsprozess nach HOMANN[111]

Im ersten Stepp (1) muss geklärt werden, ob die moralischen Anforderungen berechtigt und damit in ihrer Begründung ethisch sind. Ist die Anforderung nicht berechtigt und trifft nicht auf einen breiten gesellschaftlichen Konsens, so kann der unternehmerische Entscheidungsprozess zurückgewiesen werden. Ist die Forderung berechtigt, so wird im zweiten Stepp (2) überprüft, ob die Rahmenordnung diese nicht bereits erfüllt. Ist das nicht der Fall, wird im dritten Stepp (3) das Unternehmen aufgefordert, wie es diesen moralischen Anforderungen gerecht werden kann.[112] Das Unternehmen bzw. die Manager des Unternehmens stehen vor der Herausforderung eine geeignete Strategie im Einklang mit ethischen Maximen zu bestimmen.[113] Als Orientierung dient nachfolgendes Vier-Quadranten-Schema nach HOMANN und BLOME-DREES mit dem die Ist-Situation zunächst eingeordnet und anschließend bewertet werden kann.

---

[111] Selbsterstellte Abb., in Anlehnung an: Friske, C. (2005), S. 40; Pech, J. C. (2007), S. 78.
[112] Vgl. Friske, C. (2005), S. 39ff; Pech, J. C. (2007), S. 77ff.
[113] Vgl. Homann, K. (1994), S. 115.

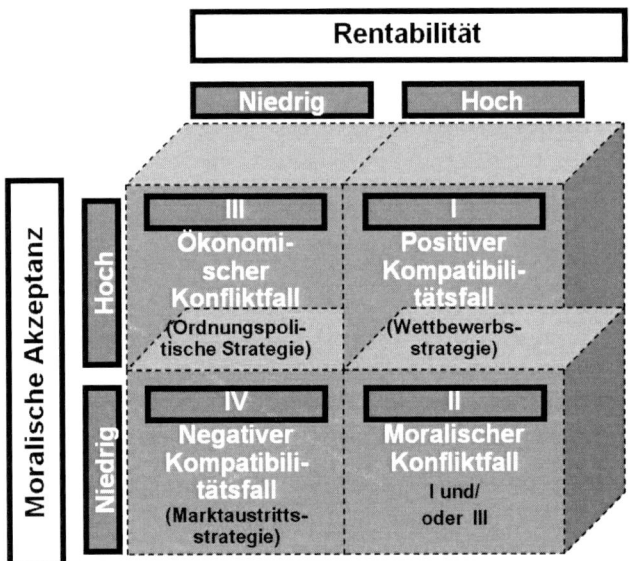

Abbildung V: Spannungsfeld zwischen Moral und Rentabilität[114]

- Positiver Kompatibilitätsfall (Quadrant I)

Das unternehmerische Verhalten ist geprägt von hoher Rentabilität und moralischer Akzeptanz. Die moralischen Forderungen und die ökonomischen Erfordernisse stehen demnach im Einklang. Daraus resultiert eine Vereinbarkeit von Ethik und dem Ziel der Gewinnmaximierung. Diesen Quadranten gilt es nach HOMANN als Ziel der Rahmenordnung voranzutreiben.[115] Solche Win-Win-Situationen, die sowohl in ökonomischer als auch in ethischer Hinsicht zu positiven Ergebnissen führen, können beispielsweise durch Investitionen in alternative Energien[116] oder Umweltschutzmaßnahmen entstehen.[117]

- Moralischer Konfliktfall (Quadrant II)

Bei Berücksichtigung der Erfordernisse für Rentabilität bleiben die moralischen Erfordernisse zurück. Ziel ist es vom zweiten Quadranten in den ersten Quadranten zu gelangen. Das Management hat dafür Sorge zu tragen eine geeignete Lösung

---

[114] Selbsterstellte Abb., in Anlehnung an: Friske, C. (2005), S. 41; Homann, K. (1994), S. 115ff; Pech, J. C. (2007), S. 72ff.

[115] Vgl. Pech, J. C. (2007), S. 71.

[116] Vgl. Friske, C. (2005), S. 30f.

[117] Vgl. Kirchgeorg, M. (1990), S. 232.

herbeizuführen,[118] u. a. durch verstärkte Forschungs- und Entwicklungstätigkeiten im Rahmen umweltschonender Produkte und Produktionsverfahren oder durch das Aufleben einer entsprechenden Unternehmenskultur.[119]

- Ökonomischer Konfliktfall (Quadrant III)

  Innerhalb des ökonomischen Konfliktfalls rentabiliert sich die Erfüllung moralischer Ansprüche nicht. Die Unternehmen haben die Aufgabe auf ordnungspolitische Veränderungen aufmerksam zu machen und somit die Rentabilität sicher zu stellen.[120] Daraus folgt, dass sich nach der Umsetzung alle Unternehmen an die moralischen Normen zu halten haben.[121]

- Negativer Kompatibilitätsfall (Quadrant IV)

  Dieser Fall wird als irrelevant betrachtet, da ein Unternehmen, welches weder ökonomisch noch moralisch den Anforderungen gerecht werden kann, keine andere Wahl hat, als aus dem Markt auszusteigen.[122]

Vorausgesetzt wird bei allen vorgeschlagenen Strategien innerhalb der Quadranten, dass die Normen bereits durch die Rahmenordnung legitimiert worden sind. Dabei handelt es sich um Normen, die dem Kollektiv Kosten- und Nutzenvorteile bescheren, da nur solche sich innerhalb des Wettbewerbs durchsetzen.[123]

2.4.1.4 Kritische Würdigung des Ansatzes nach HOMANN

HOMANN richtet sein Hauptaugenmerk auf die Rahmenordnung und ist demnach innerhalb der Ordnungsethik anzuordnen.[124] Mithilfe seines dreistufigen Entscheidungsprozesses versucht er Lösungen auf unternehmensethischer Basis darzustellen. Damit soll die Verbindung zwischen Strategie und tatsächlicher Umsetzung hergestellt werden.[125] Durch das Vier-Quadranten-Modell werden unternehmensethische Strategien aufgezeigt, die gleichermaßen als Handlungsorientierung dienen.[126]

---

[118] Vgl. Homann, K. (1992), S. 82.
[119] Vgl. Homann, K. (1994), S. 117.
[120] Vgl. Pech, J. C. (2007), S. 71.
[121] Vgl. Homann, K. (1994), S. 118.
[122] Vgl. Pech, J. C. (2007), S. 71.
[123] Vgl. ebd., S. 72.
[124] Vgl. ebd., S. 85.
[125] Vgl. Heeg, A. (2002), S. 140.
[126] Vgl. Homann, K.; Blome-Drees, F. (1992), S. 140ff.

Grundsätzlich sollen die Unternehmen Verantwortung übernehmen und Veränderungen in der Rahmenordnung implizieren. Das fordert gleichermaßen ein intensives und damit zeitaufwendiges politisches Engagement der Unternehmen.[127] Hier stellt sich die Frage nach der Bereitschaft bzw. der Fähigkeit der Unternehmen diesen Einsatz zu ermöglichen. Gleichermaßen bedeuten mehr Regeln auch mehr Überwachung durch den Staat.[128] Deutschland schafft pro Bürger im Jahr 2010 eine Schuldenlast von 24.450 EUR.[129] Stellt sich die Frage nach der Möglichkeit der Einführung eines Sanktionsmechanismus über den Staat.

International agierende Unternehmen stehen darüber hinaus im permanenten Konflikt zwischen nationaler und internationaler Rahmenordnung. Mithilfe einer supranationalen Rahmenordnung könnte ein wesentlicher Lösungsbeitrag geleistet werden.[130] Doch selbst SCHÄUBLE zweifelt daran, dass z. B. die Deutschen einer supranationalen Gemeinschaft verdeutlichen können, dass „sie alles richtig machen und die anderen alles falsch[131]". Das stellt sich auf EU-Ebene bereits schwierig dar.

Fakt ist, dass sich aufgrund fehlender Rahmenordnung Konfliktpotenziale ergeben, die schwerwiegende Folgen für die Umwelt und die Menschenrechte bedeuten.[132] Wirtschaftsethik wird erst möglich durch Ordnungsethik.[133] Die praktische Umsetzung gilt es detaillierter zu klären und spezifische Handlungsempfehlungen sowohl für die Unternehmen und ihre Manager als auch für die Implementierung neuer Regelungen national und global.

2.4.2 Korrektiver Ansatz von STEINMANN

2.4.2.1 Unternehmensethik als situatives Korrektiv

Dem Konzept von STEINMANN liegt der philosophische Ansatz des Konstruktivismus der Wissenschaftstheorie der Erlanger Schule zugrunde.[134] Die Wissenschaft wird hier als zweckgerichtetes Handeln angesehen. Die Gegenstände der Wissenschaft sind Konstruktionen und somit als das Produkt des zweckgerichteten Handelns zu verste-

---

[127] Vgl. Pech, J. C. (2007), S. 198.

[128] Vgl. ebd., S. 200.

[129] Vgl. www.ftd.de/politik/deutschland/:infografik-deutschland-deine-schulden/60015169.html, Abruf am 03.03.2011.

[130] Vgl. Hesse, H.; Keppler, H. (1999), S. 503ff.

[131] www.bundesfinanzministerium.de/nn_88146/DE/Presse/Reden-und-Interviews/09022011-Zeit.html, Abruf am 04.03.2011.

[132] Vgl. Tietmeyer, H. (2001), S. 65.

[133] Vgl. Pech, J. C. (2007), S. 203.

[134] Vgl. Kreikebaum, H.; Behnam, M.; Gilbert, D. U. (2001), S. 39; Lehmann, U. (2005), S. 97.

hen. Der Konstruktivismus orientiert sich an den Lebenswelten und Anwendungsbereichen, der am Handeln Beteiligten.[135] Es befasst sich mit der Rekonstruktion von Aufgaben der Steigerung menschlichen Wissens, den zugrundeliegenden Bedingungen sowie der Begründung der Methodik aus der Philosophie und Wissenschaft heraus. Als Anleitung für das Handeln soll das daraus gewonnene Wissen verwendet werden. Konfliktsituationen sollen praktisch vernünftig auf dieser Grundlage bewältigt werden.[136]

Die Unternehmensethik befasst sich mit den innerhalb einer Rahmenordnung möglichen Handlungsalternativen.[137] Somit kann die Unternehmensethik als situatives Korrektiv für das Gewinnprinzip selbst angesehen werden, welches formal als wertfreies Ziel definiert werden kann.[138] Situatives Korrektiv, weil die Unternehmensethik sich selbst nicht nur den rechtlichen Rahmenbedingungen verpflichtet, sondern dort Verpflichtungen schafft, wo noch keine sind (z. B. Emmissionsgrenzwerte).[139] Die Unternehmensethik als solche umfasse nach STEINMANN ideale Normen, die als Friedensstifter die Grundlage für unternehmerische Handlungsfreiheit innerhalb der Marktwirtschaft bilden.[140] Die Macht des Gesetzes und der Politik sollen dazu beitragen, Konflikte und Spannungen zu minimieren um so dem Friedenziel näher zu kommen.[141]

STEINMANN knüpft seinen Ansatz an den von HABERMAS diskursethischen Ansatz an.[142] Die Unternehmensethik wird zur Verfahrenslehre für Dialogprozesse, wenn die am Gewinnprinzip ausgerichtete Steuerung der Unternehmensaktivitäten sowie die geltenden Rahmenbedingungen und die darin verankerten Rechte zu Konflikten mit den internen und externen Bezugsgruppen des Unternehmens führen.[143] Konkret geht es um eine friedliche Lösung strategischer Konflikte des Unternehmens mit seinen Stakeholdern.[144]

Die Entwicklung prozessualer (z. B. Ethikkomitees) sowie materieller (z. B. Verhaltenskodizes) Normen seien das praktische Ziel der Dialogethik.[145] Der Dialog muss zwi-

---

[135] Vgl. Eller, B. (2009), S. 11.
[136] Vgl. Friske, C. (2005), S. 42.
[137] Vgl. Löhr, A. (1996), S. 51.
[138] Vgl. Gerum, E. (1992), S. 258; Steinmann, H.; Löhr, A. (1992), S. 245.
[139] Vgl. Seidel, M. (2001), S. 55.
[140] Vgl. Steinmann, H.; Löhr, A. (1994b), S. 158.
[141] Vgl. Lorenzen, P. (1991), S. 59.
[142] Vgl. Habermas, J. (1983), S. 73 ff.
[143] Vgl. Schenk, S. (2003), S. 293.
[144] Vgl. Steinmann, H. (2008), S. 340.
[145] Vgl. Steinmann, H.; Löhr, A. (1989), S. 261.

schen allen am unternehmerischen Handeln Betroffenen innerhalb der Organisation möglich sein. Im Konfliktfall sollen Handlungsalternativen ergründet werden, welche das Schadensmaß erträglich minimieren. Ort der Kommunikation sollen dauerhaft bestehende Einrichtungen sein, um so gleichermaßen Informationsbeschaffungskosten bezüglich moralischer Konfliktfelder zu minimieren.[146]

2.4.2.2 Konstitutive Elemente der Unternehmensethik

Zentral lassen sich nach STEINMANN und LÖHR nachfolgende konstitutive Elemente der Unternehmensethik hervorheben:

- Normen

Innerhalb der Unternehmensethik gibt es Normen, die gutes vom bösen Handeln differenzieren und somit zum Handeln bzw. Nicht-Handeln führen.[147] Ideale Normen sollen innerhalb der Marktwirtschaft zur Friedensstiftung innerhalb der unternehmerischen Handlungsfreiheit motivieren.[148]

- Vernunftsethik

Auf Basis der rationalen Ethik wird davon ausgegangen, dass der Mensch sein Handeln selbst und aus guten Gründen heraus bestimmt. Er ist in der Lage existierende Normen zu überprüfen und zu begründen.[149] Nur so kann ein Maßstab für die Gewinnung von Normen geschaffen werden.[150]

- Kommunikative Ethik

Um unvoreingenommen, zwanglos und gleichberechtigt einen friedensstiftenden Diskurs zu führen, ist die dialogische Verständigung vorauszusetzen.[151] D. h. Begründungen werden argumentativ innerhalb des Dialogs, weder im Monolog noch dogmatisch, gegeben.[152]

- Die zweidimensionale moralische Dimension der Marktwirtschaft

---

[146] Vgl. Steinmann, H.; Löhr, A. (1994a), S. 110.
[147] Vgl. Pech, J. C. (2007), S. 98.
[148] Vgl. Steinmann, H.; Löhr. A. (1994b), S. 154.
[149] Vgl. Pech, J. C. (2007), S. 99.
[150] Vgl. Seidel, M. (2005), S. 54.
[151] Vgl. Pech, J. C. (2007), S. 99.
[152] Vgl. Steinmann, H., Löhr. A. (1991), S. 10.

- o Durch die systembedingte Knappheitsreduktion sollen Konflikte ebenfalls reduziert werden.[153] Demnach handelt es sich um die gesamtwirtschaftliche Ebene, auf der die Koordination ökonomischen Handelns ethisch reflektiert wird. Somit geht es um die Ordnungsethik innerhalb der Wirtschaftsethik.[154]
- o Unternehmerische Handlungsweisen, die von den Betroffenen als moralisch nicht vertretbar angesehen werden, gilt es zu lösen.[155] Es handelt sich um die einzelwirtschaftliche Ebene, auf der die Unternehmensethik agiert als Konfliktethik zur situativen Einschränkung des Gewinnprinzips.[156]

- Unternehmensethik als situatives Korrektiv

  Vgl. Kapitel 2.4.2.1.

- Produkt-Markt-Konzept

  Das Produkt-Markt-Konzept ist grundlegend für den wirtschaftlichen Erfolg des Unternehmens.[157] Die Ergänzung der normierten Unternehmensethik ist um konkrete Sachziele zu ergänzen. Erst durch die Spezifikation qualifiziere sich die Verantwortung der Unternehmen. [158]

Grundsätzlich fordert STEINMANN die Unternehmensethik dazu auf, sich insbesondere auf die Handlungen von Führungskräften zu konzentrieren und welche Ergebnisse daraus gesellschaftlich erzielt werden. Mithilfe der Koordination aller Handlungen auf friedliche Art und Weise, ist langfristig ein gutes Ergebnis für die gesamte Gesellschaft erzielbar. Unternehmen müssten sich intern als auch extern, neben den Gesetzen, am Grundsatz des Friedens orientieren. STEINMANN fordert sowohl öffentlich als auch gesellschaftlich konsensfähige Strategien und Handlungsweisen der Unternehmen und ist demnach mit ULRICH im Bereich der republikanischen Ansätze einzuordnen.

Voraussetzung für die Umsetzung des Ansatzes ist die Möglichkeit des Unternehmens für eine ethische Reflexion. Unter ethischer Reflexion ist die gedankliche Vorwegnahme zukünftiger Handlungssituationen und Folgen des unternehmerischen Handelns zu verstehen.[159] Ziel der ethischen Reflexion ist die Entwicklung konsensfähiger Strate-

---

[153] Vgl. Steinmann, H. (2008), S. 340.
[154] Vgl. Seidel, M. (2005), S. 55.
[155] Vgl. Steinmann, H. (2008), S. 340.
[156] Vgl. Seidel, M. (2005), S. 55.
[157] Vgl. Ulrich, P.; Fluri, E. (1995), S. 95.
[158] Vgl. Seidel, M. (2005), S. 55.
[159] Vgl. Kreikebaum, H.; Behnam, M.; Gilbert, D. U. (2001), S. 135.

gien.[160] Dafür ist ein Informationsprozess notwendig, der ein Frühwarnsystem beinhaltet um schnellst möglich auf ethische Konfliktfelder aufmerksam machen zu können.[161] Ein solches ethisches Frühwarnsystem hat den Vorteil, dass es den Interessen der Stakeholder gegenüber offen ist und diese in Folge dessen Berücksichtigung finden.[162] Eine Unternehmensorganisation muss jedoch zunächst für die Erkennung ethischer Konflikte sensibilisiert werden.[163]

2.4.2.3 Integrierte Steuerung ethischer und ökonomischer Prozesse

Es gilt die Frage zu beantworten, wie der Informationsgewinnungs- und Verarbeitungsprozess durch die Unternehmensführung zu strukturieren ist. Folgende Abbildung zeigt eine Möglichkeit der Realisierung:[164]

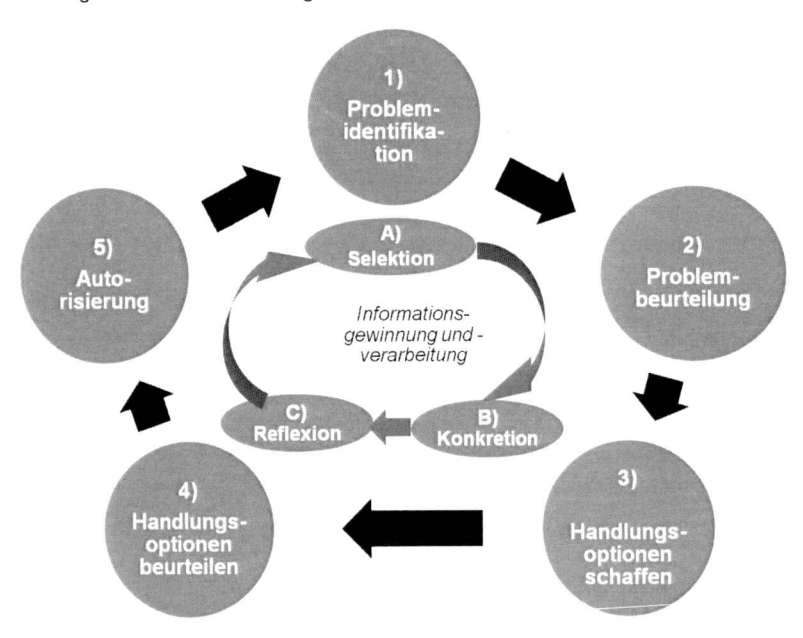

Abbildung VI: Informationsgewinnungs- und verarbeitungsprozess[165]

Beginnend mit der Problemidentifikation (1) müssen Signale aus der internen und externen Umwelt erkannt werden. Wird das Problem als ein Problem für die derzeitige

---
[160] Vgl. Steinmann, H.; Löhr, A. (1995), S. 139.
[161] Vgl. Pech, J. C. (2007), S. 101.
[162] Vgl. Kreikebaum, H.; Behnam, M.; Gilbert, D. U. (2001), S. 45.
[163] Vgl. Steinmann, H., Löhr. A. (1994b), S. 146ff; Garbner-Kräuter, S. (2000), S. 302.
[164] Vgl. Steinmann, H.; Olbrich, T. (1998), S. 104f.
[165] Selbsterstellte Abb., in Anlehnung an: Steinmann, H.; Olbrich, T. (1998), S. 103.

Unternehmensstrategie identifiziert, wird innerhalb der Problembeurteilung (2) die tatsächliche Bedrohung versucht zu bewerten. Damit das Management eine hinreichende Entscheidung treffen kann, muss das Wissen verschiedenster Abteilungen zusammengeführt werden. Stellt das Problem eine Gefahr für die Unternehmensstrategie dar, so befindet sich das Unternehmen einer neuen Situation ausgesetzt, die Handlungsoptionen erfordert. Die Schaffung von Alternativen (3) muss ebenfalls abteilungsübergreifend geschehen. Zunächst geht es um die Klärung, welche Handlungsoptionen zur Verfügung stehen. Diese sind im zweiten Step hinsichtlich ihres Erfolgsversprechens zu analysieren, um mögliche daraus resultierende Zukunftsszenarien zu entwickeln (4). Abschließend wird die Strategie durch die Verbindlichmachung der gesamten Organisation autorisiert (5). Die nachfolgende Durchführung der Strategie erfordert gleichermaßen den aktiven Informationsgewinnungs- und verarbeitungsprozess.

Zu den Grundoperationen des strategischen und ethischen Managements gehören die Selektion (A), Reflexion (B) und Konkretion (C), welche im Folgenden auf die Unternehmensethik bezogen werden sollen. Bei der Selektion (A) fordern STEINMANN und OLBRICH, dass diese nur schwach innerhalb der strategischen Planung vollzogen wird. Dies sei notwendig, da es sich lediglich um eine Planung handelt, die aufgrund der Ungewissheit und Komplexität unserer Umwelt immer anders verlaufen kann. Konkret bedeutet das, dass die strategische Planung falsch sein kann.[166] Gleiches gilt für das Gewinnprinzip, welches STEINMANN im Allgemeinen als richtig vermutet, welches jedoch im Einzelfall betrachtet werden müsse.[167] Damit fordere die Unternehmensethik eine Anwendung des Gewinnprinzips, welches situationsbedingt sozialverträglich angewendet werden müsse.[168] Daraus folgt, dass die Ethik dem Gewinnprinzip übergeordnet ist.[169]

Das Risiko der Planabweichung gilt es innerhalb der Reflexion (B) zu kompensieren. Daraus leitet sich die Notwendigkeit eines Reflexionspotenzials des Unternehmens ab, welches einer kritischen Überprüfung der aktuellen Strategie und der Führungsinstrumente dient. Damit schaffe man die Möglichkeit eine Distanz zur bestehenden Strategie aufzubauen und diese permanent kritisch zu hinterfragen.[170] Für die Unternehmensethik lässt sich ableiten, dass die aus dem Gewinnprinzip heraus hergeleiteten Handlungen in Frage zu stellen sind, sofern sie den gesellschaftlichen Frieden stö-

---

[166] Vgl. Steinmann, H.; Olbrich, T. (1998), S. 108.
[167] Vgl. Steinmann, H.; Löhr. A. (1994a), S. 107.
[168] Vgl. Steinmann, H.; Löhr. A. (1994b), S. 148.
[169] Vgl. Steinmann, H.; Löhr. A. (1994a), S. 107.
[170] Vgl. Steinmann, H.; Olbrich, T. (1998), S. 109.

ren.[171] Dabei sei nicht das Ziel der Gewinnmaximierung zu hinterfragen, sondern die Wahl der Mittel die zum Ziel führen sollen.[172]

Die Konkretisierungsphase (C) sei zur Überbrückung der abstrakt formulierten Strategie und den konkreten Handlungsempfehlungen zu verstehen. Zuständig für die Konkretisierung und den damit verbundenen Maßnahmen ist die operative Planung und Kontrolle des Unternehmens.[173] Damit ist nicht nur das Management und die Umsetzung der Strategie ethischem Freiheitsgrad unterworfen,[174] sondern es gilt die gesamte Organisation effizient und ethisch zu gestalten. Somit sind Linienverantwortliche gefragt moralischen und ökonomischen Handlungsanforderungen zu entsprechen.[175]

2.4.2.4 Kritische Würdigung des Ansatzes nach STEINMANN

Der Ansatz von STEINMANN zielt auf die Implementierung eines institutionellen Rahmens ab, mit dessen Hilfe ethische Konflikte, die nicht Grundlage der Gesetzgebung sind, innerhalb der Organisation gelöst werden können.[176] An die moderne Organisation wird der Anspruch gestellt, dass die Gewinnung und Verarbeitung relevanter Informationen sowohl intern als auch extern gewährleistet wird. Innerhalb der Organisation ist eine kritische Haltung auf allen Organisationsebenen gewünscht, die ethische und vernünftige Entscheidungen ermöglicht, die im kritischen Fall gegen den Vorgesetzen ausfallen können. Damit geht die Forderung einher, dass innerhalb der Organisation Motivation und die Möglichkeit der kritischen Hinterfragung des Einzelnen Bestandteil sein müssen.[177]

Unternehmen der heutigen Zeit konzentrieren sich i. d. R. auf die Kernprozesse.[178] Dieses Ziel verfolgend und innerhalb der Organisation auf eigene Zielvorgaben hinarbeitend, stellt sich die Frage nach der Möglichkeit der Umsetzung des Ansatzes. Es müsste eine komplett neue Unternehmenskultur hervorgebracht werden, die einen selbstbewussten, qualifizierten Mitarbeiter[179] und ein kulturbewusstes Management[180] umfasst. Damit müssten die gestellten Anforderungen auf allen Unternehmensebenen

---

[171] Vgl. Steinmann, H.; Löhr. A. (1994a), S. 107.
[172] Vgl. Steinmann, H.; Löhr. A. (1994a), S. 101.
[173] Vgl. Steinmann, H.; Olbrich, T. (1998), S. 109.
[174] Vgl. Steinmann, H.; Löhr. A. (1994a), S. 112f.
[175] Vgl. Hütte, J. (2002), S. 152.
[176] Vgl. Scherer, A. G.; Alt, J. M. (2002), S. 309.
[177] Vgl. Steinmann, H.; Kustermann, B. (1996), S. 266.
[178] Vgl. Führing, M. (2006), S. 94.
[179] Vgl. Steinmann, H.; Löhr. A. (1998), S. 431.
[180] Vgl. Pech, J. C. (2007), S. 105.

trainiert werden, bis sie letztendlich in den Köpfen verankert sind.[181] Hinzu kommt, dass die Kommunikationswege neu aufgebaut werden müssen. Grundsätzlich müsse jeder über alles informiert sein, um letztendlich Alarm bei einem Verstoß des Friedensziels schlagen zu können. Denn es geht hier nicht nur um die Handlung des Einzelnen, sondern um die Infragestellung der Handlung Anderer. Es müssen demnach freie Kapazitäten geschaffen und finanzielle Mittel bereit gestellt werden. AUFDERHEIDE kritisiert, dass der Ansatz innerhalb des Wettbewerbs praktisch nur schwer umzusetzen sei.[182] Insbesondere in Zeiten der Krise kann das Unternehmen sich weder freie Kapazitäten, noch finanzielle Mittel leisten, die nicht dem Kernprozess zugefügt werden.[183] Das ist notwendig um wettbewerbsfähig zu bleiben.[184]

2.4.3 Integrative Wirtschafts- und Unternehmensethik nach ULRICH

2.4.3.1 Integrative Wirtschaftsethik

PETER ULRICH will mit seinem Konzept, welches auf einem kommunikativen Fundament aufbaut, an die Vernunft der ökonomischen Rationalität appellieren.[185] Sein grundlagenkritischer Ansatz moderner Wirtschaftsethik hat die zentrale Aufgabe, selbst eine Idee ökonomischer Vernunft mit regulativem Charakter zu entwickeln. Diese diene der Rationalität als eine vernünftige und lebenspraktische Orientierung.[186] Sein entwickeltes neues wirtschaftswissenschaftliches Paradigma, bezeichnet er als „praktische Sozialökonomie".[187] Durch die wiederangekoppelte Betrachtung der wissenschaftlichen Ökonomie und der Lebenswelt, wird der Versuch unternommen, die Ökonomie in ihrer Selbstständigkeit in eine praktische Sozialökonomie zu übertragen und gleichzeitig zu moralisieren.[188]

Seines Erachtens nach diene die Arbeitsteilung heute lediglich der Befriedigung der Bedürfnisse sowie der Steigerung der Lebensqualität des Menschen.[189] Wirtschaften wird unabhängig von negativen externen Effekten für die Bevölkerung und die Umwelt, bei Gewinnerzielung als effizient bezeichnet. Das sei das Resultat der verkürzten Sicht

---

[181] Vgl. Tokarski, T. O. (2008), S. 309.
[182] Vgl. Aufderheide, D. (1995), S. 167f.
[183] Vgl. Stahlknecht, P.; Hasenkamp, U. (2005), S. 206.
[184] Vgl. Puschmann, N. O. (2000), S. 163.
[185] Vgl. Eller, B. (2009), S. 44.
[186] Vgl. Ulrich, P. (1994), S. 78.
[187] Vgl. Urich, P. (2003), S. 146.
[188] Vgl. Eller, B. (2009), S. 44.
[189] Vgl. Ulrich, P. (1997), S. 11.

der Betriebswirtschaftslehre.[190] Demnach ist die Verknüpfung einer sozial-ethischen mit einer wirtschaftlichen Denkweise unbedingt notwendig,[191] was eine Beziehungs- und Konfliktanalyse ethischer und ökonomischer Werte nachsichzieht.[192]

In vielem ökonomisch-rational gerechtfertigtem, sieht ULRICH die Sinnfreiheit für die Lebenspraxis in ihrer Ganzheit.[193] Die Beantwortung der Frage, worin der Sinn in gewissen Handlungen läge, würde die Betriebswirtschaftslehre komplett ausblenden.[194] Aus diesen Überlegungen heraus, lässt sich folgende Abbildung ableiten:

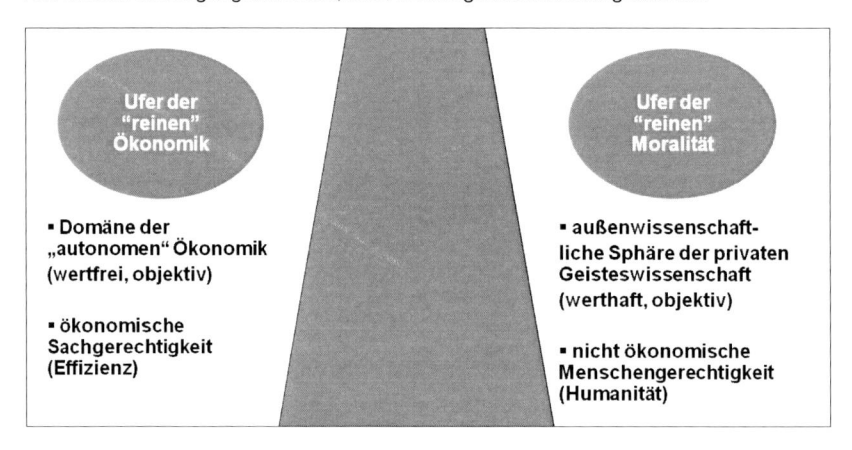

```
    Ufer der                            Ufer der
    "reinen"                            "reinen"
    Ökonomik                            Moralität

• Domäne der                        • außenwissenschaft-
  „autonomen" Ökonomik                liche Sphäre der privaten
  (wertfrei, objektiv)                Geisteswissenschaft
                                      (werthaft, objektiv)
• ökonomische
  Sachgerechtigkeit                 • nicht ökonomische
  (Effizienz)                         Menschengerechtigkeit
                                      (Humanität)
```

Abbildung VII: Die Zwei-Welten-Konzeption der ethischen Theorie[195]

In der Zwei-Welten-Theorie geht es um die Welt der Ethik und die der Ökonomik. Zwischen diesen beiden Welten befindet sich eine Schlucht, welche überwunden werden soll. Dabei ist die betriebswirtschaftliche Rationalität ethisch zu erweitern.[196] Folglich muss die ethische mit der ökonomischen Rationalität verknüpft werden, quasi als eine Reethisierung der Ökonomie.[197]

---

[190] Vgl. Prockl, G. (2007), S. 167.
[191] Vgl. Eller, B. (2009), S. 45.
[192] Vgl. Küpper, H. U. (2005), S. 848.
[193] Vgl. Ulrich, P. (1987), S. 128f.
[194] Vgl. Suchanek, A. (2008), S. 22.
[195] Selbsterstellte Abb., in Anlehnung an: Ulrich, P. (1987), S. 123; Pech, J. C. (2007), S. 124.
[196] Vgl. Ulrich, P. (1992), S. 185.
[197] Vgl. Ulrich, P. (1993), S. 342f.

2.4.3.2 Verbindung ethischer und ökonomischer Rationalität

ULRICH sieht in der ökonomischen Rationalität das unversöhnliche Gegenüber der wertfreien ökonomischen Sachlogik.[198] Zuerst müsse der normative Gehalt in der ökonomischen Realität selbst ergründet werden. Daraus ergeben sich zusammengefasst folgende Konsequenzen:[199]

- Bewusstes Handeln und normatives Begründen wird innerhalb der politischen Ökonomie aufgehoben.

- Die Ökonomie wird versubjektiviert und transhistorisiert.

- Sowohl ökonomische Zusammenhänge als auch die soziale, historisch-spezifische Form der Vergesellschaftung werden ausgeblendet.

- Das Fehlen gesellschaftlicher Objektivität.

Diese Ergründung bilde die Basis dafür, die ethische Vernunft in eine Idee des vernünftigen Wirtschaftens zu integrieren.[200]

Die integrative Wirtschafts- und Unternehmensethik ist eine Institutionsethik der Unternehmung, aus der die ethischen Anforderungen an das Unternehmen als gesellschaftliche Institution abgeleitet werden sollen.[201] Kontinuierlich gilt es Bedingungen und mögliche Optionen des Wirtschaftens kritisch zu reflektieren bzw. neu abzuleiten. Daraus folgt die Legitimation wirtschaftlichen Handelns als oberste Maxime.[202]

Für eine angemessene Umsetzung formuliert ULRICH folgende Postulate:[203]

- Innovative, geschäftsstrategische Synthese

  Unternehmensstrategien, die sowohl erfolgssichernd, als auch gesellschaftsförderlich sind, sind durch die grundlagenkritische Unternehmensethik sicherzustellen. Diese bezeichnet ULRICH als innovative Geschäftsstrategien, die gleichermaßen in ihrer Schnittmenge Handlungsfreiheiten bieten. Ob etwas erfolgreich ist oder scheitert, dass entscheide der Markt selbst. Jedoch steht es in der Verantwortung des Einzelnen, nicht nur den Erfolg in den Vordergrund zu stellen, sondern gleichfalls die gebotenen Alternativen zu betrachten.

---

[198] Vgl. Pech, J. C. (2007), S. 124f.

[199] Vgl. Erlewein, C. (2003), S. 26.

[200] Vgl. Ulrich, P. (1997), S. 117.

[201] Vgl. Friske, C. (2005), S. 46.

[202] Vgl. Eigenstetter, M.; Hammerl, M. (2005), S. 17.

[203] Vgl. Pech, J. C. (2007), S. 124ff; Brink, A. (2005), S. 53ff; Ulrich, P. (1994), S. 93ff.

- Dialogische Unternehmenspolitik

  Alle Stakeholder eines Unternehmens, die von einer unternehmerischen Entscheidung betroffen sind, sollen an dieser partizipieren und sie auf diesem Wege legitimieren. Eine konsensorientierte Unternehmenspolitik ist das Oberziel. Diese Aufgabe obliegt der kommunikativen Unternehmensethik.

- Ordnungspolitische Mitverantwortung

  Das Management des Unternehmens hat die Aufgabe ordnungspolitische Reformbedingungen zu fördern und organisatorische Unverantwortlichkeiten entsprechend zu eliminieren bzw. entsprechende Spielregeln zu entwerfen, die dieses Verhalten zukünftig verhindern. Dieses Postulat basiert auf der republikanischen Unternehmensethik. Demnach gilt für ULRICH die republikanisch gesinnte Führungskraft, der Reformer, als geeigneter Managertyp, denn ihm ginge es um die unbegrenzte Öffentlichkeit aller Wirtschaftssubjekte als systematischen Ort der Moral.

Zusammenfassend ist die Unternehmensethik für die Betriebswirtschaftslehre von fundamentaler Bedeutung. Erst die Unternehmensethik bringt die unternehmerischen Entscheidungen mit den Interessen der Stakeholder in Einklang.[204] Die Art und Weise der Unternehmensführung ist auf einer kritischen und grundlagenreflektierten Basis zu begründen. Und das in einem Umfeld steigender externer Effekte, Marktzwängen und Zielkonflikten.[205] Innerhalb der Organisation sind hierarchiefreie Orte zu schaffen, die erlauben den Mitarbeitern auf allen Ebenen Bedenken zu äußern, wodurch die kritische Loyalität gefördert werden kann. Damit einhergehend kann ein ökonomisch erfolgreiches als auch sozial förderliches und umweltfreundliches Wirtschaften ermöglicht werden.[206]

2.4.3.3 Moral point of view

ULRICH legt in seinem Ansatz eine Denkweise zugrunde, die frei von Vorurteilen und von der Sachzwanglogik ist. Damit schließt er sich dem Diskursansatz von APEL und HABERMAS an, die den öffentlichen Diskurs als ideellen Ort der Moral verstehen.[207] Als Voraussetzung für die Kommunikation ist ein kommunikatives Ethos gefragt und damit ein Gesprächspartner, dem Rationalität unterstellt wird.[208] Der Diskurs führt ide-

---

[204] Vgl. Suchanek, A. (2008), S. 22f.

[205] Vgl. Eller, B. (2009), S. 47.

[206] Vgl. Ulrich, P.; Lunau, Y.; Weber, T. (1996), S. 13f.

[207] Vgl. Pech, J. C. (2007), S. 127.

[208] Vgl. Stübinger, E. (1996), S. 151f.

alerweise zur subjektiven Einsicht des Individuums in objektiv geltende Werte.[209] Daraus ergibt sich die Transformation der ökonomischen Rationalität in eine ökonomische Vernunft. Die Ökonomie wird um die ethische Rationalität ergänzt. Es gelten demnach diejenigen ökonomischen Handlungen als vernünftig, die legitim gegenüber dem Kollektiv sind. Genau das spiegelt die regulative Idee sozialökonomischer Rationalität wieder und damit dem „moral point of view" der Vernunftsethik.[210]

ULRICH ist sich der Tatsache bewusst, dass die rationale Einstellung der Gesprächspartner in der Gesellschaft nicht als gegeben gesetzt werden kann.[211] Dennoch könne die moderne Ethik die grundsätzlichen Bedingungen reflektieren, die zu einer rationalen Konsensfindung führen. Die Motivation Interesse an der Vernunft aufzubringen und danach zu handeln, das könne nicht durch die Diskursethik geschehen. Diese Aufgabe übernehme allerdings die Wirtschaftsethik. Die deontologische Minimalethik zeige was innerhalb der Marktwirtschaft für den Einzelnen als legitim gilt.[212] Die Diskursethik expliziere demnach lediglich den moral point of view, konkret in Form eines idealen Diskurses.[213] Dieser Diskurs wird als ideal bezeichnet, da innerhalb des Diskurses zwangsläufig das beste Argument entscheide.[214] Zur Beantwortung der Frage nach moralisch richtigem oder falschem Handeln, bedarf es der Formulierung des moral point of view, da Ethik nach der logischen Begründung von legitimen und nicht legitimen Handeln fragt.[215]

Der integrative Ansatz ULRICHS zielt neben den Wirtschaftsbürgern und der Öffentlichkeit, insbesondere auf die Vernunft des Managements der Unternehmen ab. Es handelt sich um die Vernunftsethik des Managements.[216] Dabei geht es auf personeller Ebene um ein neues Selbstverständnis des Managements (Konsensus-Management)[217] und auf institutioneller Ebene um die Fixierung einer gültigen Unternehmensverfassung.[218] Daraus ergibt sich folgendes Ethik-Konzept nach ULRICH:

---

[209] Vgl. Aufderheide, D. (1995), S. 162.
[210] Vgl. Pech, J. C. (2007), S. 128f.
[211] Vgl. Gottschalk-Mazouz, N. (2000), S. 208.
[212] Vgl. Ulrich, P. (1990), S. 203f.
[213] Vgl. Ulrich, P. (1997), S. 81.
[214] Vgl. Spitzeck, H. (2008), S. 60.
[215] Vgl. Thielemann, U. (2001), S. 146.
[216] Vgl. Ulrich, P. (1988), S. 100.
[217] Vgl. Ulrich, P. (1983), S. 77ff.
[218] Vgl. Ulrich, P. (1981), S. 74.

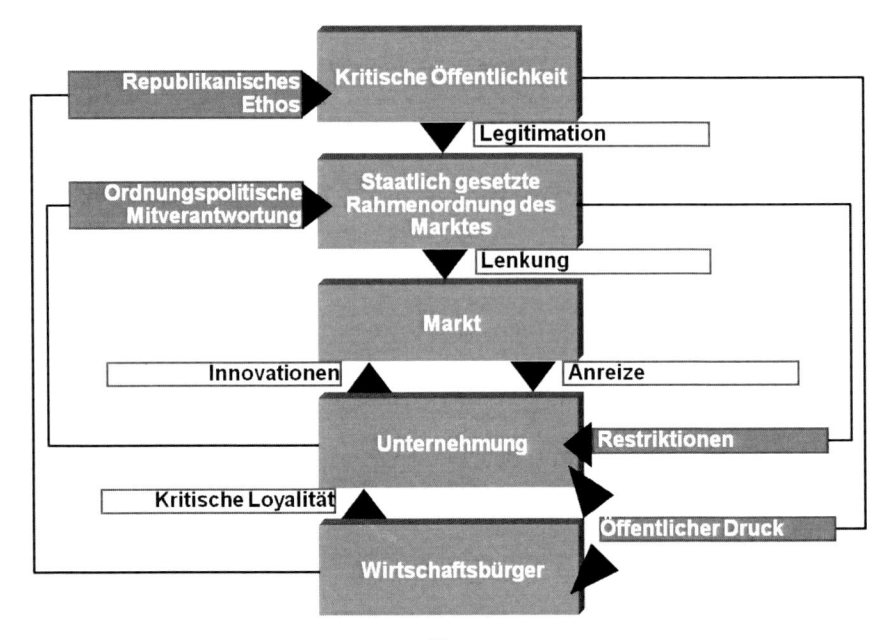

Abbildung VIII: Ethik-Konzept nach ULRICH[219]

2.4.3.4 Kritische Würdigung des Ansatzes nach ULRICH

ULRICH zielt auf eine ethisch-normative Betriebswirtschaftslehre ab, die die Gesellschaft als Teil dieser betrachtet.[220] Die Unternehmung wird zu einer gesellschaftlichen Institution, die nunmehr ethischen Anforderungen zu entsprechen hat.[221] Ein kommunikatives Ethos ist gefragt um den Dialog fruchtbar zu machen.[222] Die Entscheidungen des Unternehmens sind durch die betroffenen Stakeholder zu legitimieren.[223] Dies stellt sich aus organisatorischer Sicht als schwierig umsetzbar dar.[224] Zum einen kann man nicht von einer interessierten Öffentlichkeit ausgehen, zum anderen nicht jede Entscheidung von allen Anspruchsgruppen kritisch hinterfragen.[225]

---

[219] Vgl. Ulrich, P. (1994), S. 35.

[220] Vgl. Ulrich, P. (1991), S. 189.

[221] Vgl. Friske, C. (2005), S. 46.

[222] Vgl. Stübinger, E. (1996), S. 151f.

[223] Vgl. Ulrich, P. (1994), S. 93ff.

[224] Vgl. Pech, J. C. (2007), S. 206.

[225] Vgl. ebd., S. 142f.

Den Managern bietet ULRICH innerhalb des Stakeholder-Dialogs, den sogenannten TV-Test an.[226] Die Unternehmensleitung solle sich dabei die Frage stellen, wie sie sich fühlen würde, wenn sie ihre Entscheidung vor laufender Kamera und damit der Weltöffentlichkeit präsentieren müsste. Kann sie diese vernünftig rechtfertigen und mit den aus der Entscheidung resultierenden Konsequenzen leben?[227] Die Interessen der Gesellschaft stehen demnach im Vordergrund und müssen vertretbar sein. Dabei sei es keine Zumutung, dass alle Marktakteure Bereitschaft zeigen sollen, auf die Erfolgs- und Gewinnmaximierung zu verzichten.[228] In dem Ansatz fehlt es nicht an praktischen Beispielen, jedoch an der Beantwortung der Frage, wie sich ein Management in Dilemmasituationen zu verhalten hat.[229]

Kritisiert wird innerhalb der Wissenschaft insbesondere, dass das Gewinnprinzip nach ULRICH in Frage gestellt wird. Er sieht an Stelle der Gewinnorientierung die Konsensorientierung und stellt demnach das Grundprinzip unserer Wirtschaftsordnung in Frage.[230] Er fordert einen Menschen, für den Gewinnstreben, Erfolgssteigerung und der Eigennutz unwichtiger sind als die Konsensfindung.[231]

2.5 Marketingethik

2.5.1 Der Begriff der Marketingethik

Der Begriff Marketing umfasst „die Planung, Steuerung und Kontrolle aller auf die aktuellen und potenziellen Märkte ausgerichteten Unternehmensaktivitäten. Durch eine dauerhafte Befriedigung der Kundenbedürfnisse sollen die Unternehmensziele verwirklicht werden."[232] Marketingethik verbindet die Begriffe des Marketing und der Ethik und kann somit als das Studium vom richtigen und falschen, vom guten und bösen sowie vom gerechten und ungerechten Handeln innerhalb des Marketings bezeichnet werden.[233] Die Aufgabe der Marketingethik liegt in der Verknüpfung moralischer und ökonomischer Ziele.[234] Es geht demnach um die Frage wie moralische Standards im Be-

---

[226] Vgl. Laczniak, G. R. (1985), S. 10.
[227] Vgl. Ulrich, P. (1996), S. 25.
[228] Vgl. Ulrich, P. (1997), S. 15.
[229] Vgl. Pech, J. C. (2007), S. 146.
[230] Vgl. ebd., S. 142f.
[231] Vgl. Ulrich, P. (1997), S. 15.
[232] Meffert, H.; Burmann, C.; Kirchgeorg, M. (2008), S. 11.
[233] Vgl. Steiner, G. A.; Steiner, J. F. (1998), S. 320f.
[234] Vgl. Meran, J. (1987), S. 35f.

zug auf Entscheidungen, Verhaltensweisen der Betroffenen und Unternehmen umgesetzt werden können.[235]

Mit der zunehmenden Beschäftigung mit einer praktikablen Wirtschaftsethik zu Beginn der 20er Jahre,[236] die aufgrund der Watergate-Affäre 1965[237] weiter entfachte, fand auch die Marketingethik in den 60er Jahren eine steigende Bedeutung in den USA.[238]

Das so genannte consumerism-movement stellte die Forderung der Nachfrager an die Unternehmen auf, sich mehr an den Bedürfnissen des Konsumenten zu orientieren und auszurichten.[239] Gleichermaßen war die Entwicklung auf der Nachfrageseite geprägt von einer Zunahme des verfügbaren Einkommens, einem schnellen Wandel und stärkerer Bedürfnisdifferenzierung auf dem vorherrschenden Käufermarkt.[240]

Damit begannen sich immer mehr Menschen mit dem Thema der Marketingethik zu beschäftigen und es erschienen mehr und mehr Publikationen.[241] Das erste Buch hingegen wurde erst im Jahre 1985 veröffentlicht, verfasst von LACZNIAK und MURPHY mit dem Titel „Marketing Ethics".[242] In Deutschland gilt HANSEN, ehemals an der Universität Hannover,[243] noch heute als eine der wenigen Forscherinnen, die sich mit dem Themengebiet wissenschaftlich in Deutschland auseinandersetzten.[244]

2.5.2 Die Bedeutung der Marketingethik

Die steigende Unzufriedenheit mit den Marketingaktivitäten der Unternehmen und dem damit verbundenen Glaubwürdigkeitsverlust, führt zur Forderung der Konsumenten nach mehr Offenheit und Transparenz.[245] Marketingentscheidungen geraten immer öfter in die Kritik der Öffentlichkeit (z. B. durch irreführende Werbung, Obsoleszenz von Produkten, Marktforschung und Datenschutzproblemen sowie Abfallproblematik durch zunehmenden Verpackungsmüll).[246] Daraus resultiert der dringende Bedarf nach einer

---

[235] Vgl. Murphy, P. E. et al. (2005), XVII.

[236] Vgl. Hansen, U. (2001), S. 970f.

[237] Vgl. Carrol, A. B. (1975), S. 75ff.

[238] Vgl. Hansen, U. (2001), S. 970f.

[239] Vgl. Kotler, P. (1974), S. 24ff.

[240] Vgl. Bidlingmaier, J. (1973), S. 13; Meffert, H. (1980), S. 34.

[241] Vgl. Selter, G. (1982), S. 22ff.

[242] Laczniak, G. R.; Murphy P. E. (1985).

[243] Vgl. http://www.m1.uni-hannover.de/index.php?id=375, Abruf am 27.01.2011.

[244] Vgl. Kay-Enders, B. (1996), S. 21; Kuß, A. (2009), S. 221.

[245] Vgl. Meffert, H.; Burmann, C.; Kirchgeorg, M. (2008), S. 880f.

[246] Vgl. Anghern, O. (1981), S. 3f.

Beantwortung der Frage des richtigen Handelns, unter der gegebenen Voraussetzung der Entscheidungsfreiheit des Marketingmanagers.

HOMANN stellt in seinem Ansatz das Spannungsfeld zwischen Moral und Profit auf Unternehmensebene deutlich heraus (vgl. Kapitel 2.4.1.3). GOLDSMITH und CLUTTERBUCK liefern Entscheidungsalternativen im konkreten Bezug auf den Marketingmanager:

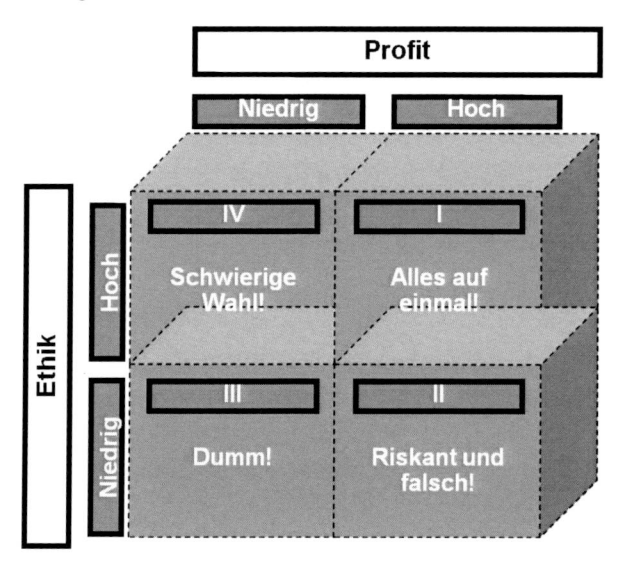

Abbildung IX: Zielkonflikt zwischen Ethik und Profit[247]

Im ersten Quadranten werden sowohl ethische als auch profitable Aspekte maximal befriedigt. Diese Option als Wahl zu haben ist für einen Manager die beste aller Alternativen.

Im dritten Quadranten verhält es sich komplett negativ. Es wird weder der Aspekt der Ethik, noch der des Profits befriedigt. Das Treffen einer Entscheidung ist demnach simpel zu vollziehen, in dem man sich gegen diese Maßnahme entscheidet.

In Quadrant vier ist der moralische Aspekt in hohem Maße erfüllt. Doch wie unprofitabel darf eine Entscheidung in diesem Zusammenhang sein? Und wie unmoralisch darf eine Entscheidung bei der gleichzeitigen Erzielung einer monetären Befriedigung im höchsten Maße im zweiten Quadranten sein?[248]

---

[247] Selbsterstellte Abb., in Anlehnung an Goldsmith, W.; Clutterbuck, D. (1984), S. 84.

[248] Vgl. Pech, J. C. (2007), S. 21.

Es wird deutlich, dass das grundsätzliche Problem nicht der Marketing-Manager ist, sondern die gegebenen Rahmenbedingungen das Problem darstellen. Die Rahmenbedingung als systematischer Ort der Moral,[249] gilt es zu vervollständigen.[250] Die Lücke muss gefüllt werden mit konkreten Handlungsempfehlungen für Marketingmanager, um Fragestellungen ethischer Art klären zu können.[251]

Das Recht an sich, als moralisches Minimum,[252] bietet jedem Wirtschafssubjekt einen rechtsfreien Handlungsspielraum.[253] Es ist die Aufgabe der Unternehmensethik Lösungen zu bieten für bisher noch nicht rechtlich geregelte Konfliktfälle.[254]

Aus dem Bedarf konkreter Handlungsempfehlungen der Marketingmanager, resultierend aus den lückenhaften Rahmenbedingungen, ergibt sich die unbedingte Forderung nach Marketingethik.

2.5.3 Unmoralisches Verhalten von Marketingmanagern

Die Ursachen für die Krise des Marketings sind nicht nur auf der Ebene marketinginterner Spezifika zu suchen. Die inhaltlichen Ebenen der Wirtschaftsethik (vgl. Kapitel 2.3) lassen sich ebenfalls auf das Marketing transferieren. So befindet sich auf der Mikro-Ebene, dass persönliche Handeln des Marketingmanagers im Fokus. Die Beeinflussung des Marketingmanagers durch das Unternehmen oder sogar durch das Marketing als Organisation, umfasst die Meso-Ebene, während auf der Makro-Ebene der gesetzliche Handlungsrahmen durch die soziale Marktwirtschaft gesetzt wird.[255]

Marketingmanager stehen aus folgenden Gründen mehr als andere Unternehmensfunktionen im Spannungsfeld zwischen moralischem und unmoralischem Handeln:[256]

- Konflikt von Zwang und Kontrolle

    Aufgrund von Machtausübung oder Androhung von Strafe können Marketingmanger gezwungen werden, Entscheidungen gegen ihr eigenes moralisches Ethos zu treffen.

---

[249] Vgl. Homann, K.; Blome-Drees, F. (1992), S. 37.
[250] Vgl. Friske, C. (2005), S. 38.
[251] Vgl. Murphy, P. E. (1988), S. 907f.
[252] Vgl. Green, M. (1979), S. 5.
[253] Vgl. McCarty, R. (1988), S. 881.
[254] Vgl. Friske, C. (2005), S. 38.
[255] Vgl. Praetorius, M. (1993), S. 50.
[256] Vgl. Fritzsche, D. J.; Becker, H. (1983), S. 292.

- Interessenkonflikte

    Zu Entscheidungen aus Zwang kommt es aufgrund von Interessenkonflikten. Resultierend aus den verschiedenen Ansprüchen von Managern, Unternehmen und Konsumenten sowie dem Wettbewerb und / oder der Gesellschaft entstehen widersprüchliche Interessen. Dabei sind die Interessen nicht selten inkompatibel.[257]

- Umweltkonflikt

    Durch eine nicht konsensfähige Übereinstimmung von Unternehmenszielen und Umweltfragen entstehen Umweltkonflikte.

- Paternalismuskonflikt

    Das Recht des Konsumenten auf vorsorgliches Verhalten des Unternehmens zum Wohle des Konsumenten und das Recht auf Autonomie des Konsumenten stehen sich entgegen.

- Konflikt der persönlichen Integrität

    Hierbei handelt es sich um eine Entscheidungssituation, die ein Abwägen zwischen persönlichen oder unternehmerischen Vorteilen und den persönlichen moralischen Werten erfordert.

Entscheidungssituationen, in denen besonders oft die unmoralische Lösung getroffen wird, bezeichnet man in der Literatur als „grey areas".[258] Daraus folgt, dass Handlungsalternativen eindeutiger als gut oder weniger gut zu definieren sind. Die daraus resultierenden Konsequenzen müssen klarer abschätzbar sein.

Marketingmanager stehen i. d. R. unter großem Druck kurzfristige Erfolge zu erzielen. Dieser Druck nach Erreichung von Leistungszielen erhöhe die Bereitschaft des Managers unmoralische Entscheidungen zu treffen.[259] Durch die Ausübung des Drucks durch das TOP-Management, ist ihr Beitrag zu unmoralischem Verhalten wesentlich.[260] Die mit diesen unmoralischen Entscheidungen einhergehenden langfristigen Auswirkungen auf das Unternehmen, werden hier ebenfalls ausgeblendet um kurzfristig den Anforderungen entsprechen zu können.[261]

---

[257] Vgl. Dubinsky, A. J.; Levy, M. (1985), S. 2; Akaah, I. P. (1990), S. 45.
[258] Vgl. Andrews, K. R. (1989), S. 40; Tsalikis, J.; Fritzsche, D. J. (1989), S. 725.
[259] Vgl. Corey, E. R. (1993), S. 40f.
[260] Vgl. Ferrell, O. C.; Weaver, K. M. (1978), S. 73.
[261] Vgl. Jackall, R. (1989), S. 177.

Befindet sich ein Unternehmen z. B. derzeit in einer Krise und eines seiner Produkte wird aus Umweltaspekten in Deutschland verboten, wird der Marketingmanager das Produkt dennoch gewinnbringend im Ausland verkaufen?[262] Dieses Beispiel zeigt deutlich das Problem des o. g. Interessenkonflikts. Dem Marketingmanager ist der moralisch zweifelhafte Tatbestand der Umweltverschmutzung bewusst, und dennoch könne er seine Entscheidung auf ökonomisch berechenbaren Sachzwängen stützen. Der Bedarf an ethischen Marketing-Konzepten ist unwiderruflich zu stillen.[263]

2.5.4 Konzepte der Marketingethik

2.5.4.1 Deskriptives Konzept nach CHONKO

Wir bereits innerhalb der Ethik bzw. der Wirtschaftsethik, ist innerhalb der Marketingethik ebenfalls eine methodologische Unterteilung möglich. Das Konzept von CHONKO wird als deskriptives Konzept vorgestellt. CHONKO formuliert den Kern seines Konzeptes wie folgt: „Ethical decision making requires that decisions makers recognize the ethical implications of a decision."[264] Innerhalb seines Konzeptes identifiziert CHONKO fünf Dimensionen, die sich auf die Marketingentscheidung an sich auswirken:

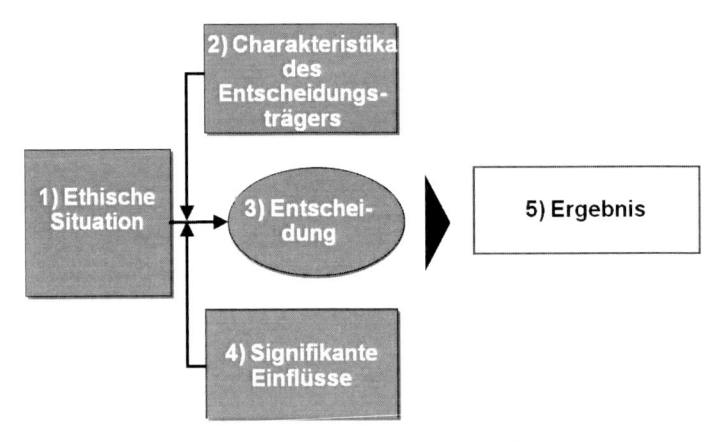

Abbildung X: Fünf Dimensionen-Konzept nach CHONKO[265]

- Dimension 1

    Die zu treffende Entscheidung erfordert eine ethische Dimension. Es stehen Entscheidungsalternativen zur Auswahl und Erfahrungswerte ähnlicher Situationen.

---

[262] Vgl. Praetorius, M. (1993), S. 50; Hansen, U. (1995), S. 30.
[263] Vgl. Hansen, U. (1995), S. 30.
[264] Chonko, L. B. (1995), S. 68.
[265] Selbsterstellte Abb., in Anlehnung an Chonko, L. B. (1995), S. 72.

- Dimension 2

  Die Charakteristika des Entscheidungsträgers, wie z. B. das Bedürfnis nach Zugehörigkeit, Risiko und Profilierung sowie das Know-how und die Erfahrung bilden die zweite Dimension.

- Dimension 3

  Innerhalb der dritten Dimension spielen signifikante Einflüsse eine wichtige Rolle. Darunter fallen die Gesetzgebung, Organisationsziele sowie Restriktionen technischer Art. Hierzu zählen darüber hinaus Personen, die den Entscheider beeinflussen können (u. a. Kunden, Vorgesetzte, Familie).

- Dimension 4

  Die vierte Dimension stellt die Entscheidung selbst dar, die von den o. g. Dimensionen entsprechend beeinflusst wird. Die ersten drei Dimensionen bilden demnach den Entscheidungsprozess und somit, neben der Wahrnehmung des ethischen Problems, letztendlich die Bewertung der zur Verfügung stehenden Handlungsalternativen.

- Dimension 5

  Bevor es letztendlich zur Entscheidung und zum entsprechenden „Outcome" in der fünften Dimension kommt, sollte bereits vorweg der Versuch gestartet werden, die fünfte Dimension zu analysieren. Demnach sollen der mögliche Erfolg, die Konsequenzen und die erwartete Zufriedenheit der Anspruchsgruppen betrachtet werden.

CHONKO bietet ein im Entscheidungsprozess unterstützendes Modell an, welches hilft eine Situation aus verschiedenen Dimensionen heraus zu betrachten und eine möglichst optimale Entscheidung zu treffen.

2.5.4.2 Normatives Konzept nach SMITH

Das Konzept von Smith stellt die Beziehung zwischen Unternehmen und Kunden in den Vordergrund und damit in den Mittelpunkt aller Marketingaktivitäten. Ein entsprechendes Marketingethik-Konzept zu erstellen, habe oberste Priorität. Doch vorab gilt es zu klären, wie man eine Marketingaktivität überhaupt als ethisch oder unethisch identifizieren kann.[266]

Das Ausmaß an Souveränität, welches dem Kunden nach der Durchführung einer Marketingmaßnahme verbleibt, sei nach SMITH das entscheidende Bewertungskriterium. Gleichermaßen solle die Konsumentensouveränität als Maxime aller Marketingak-

---

[266] Vgl. Smith, N. C. (1996a), S. 20.

tivitäten zugrundegelegt werden, wodurch ebenso der Wohlstand der Gesamtheit maximiert werden könne.[267]

Als Instrument zur Messung ethischer Auswirkungen aufgrund durchgeführter Marketingaktivitäten, entwirft SMITH den sogenannten Consumer Sovereignty Test:

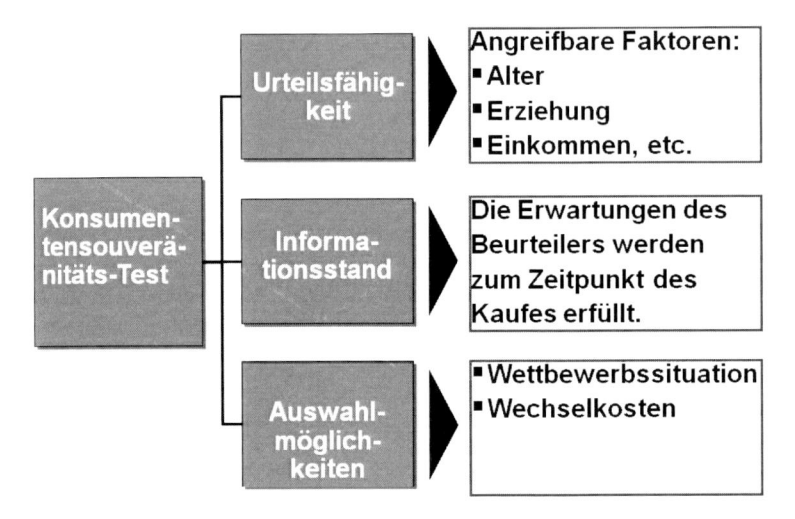

```
Konsumentensouveränitäts-Test
├── Urteilsfähigkeit  →  Angreifbare Faktoren:
│                        • Alter
│                        • Erziehung
│                        • Einkommen, etc.
├── Informationsstand →  Die Erwartungen des Beurteilers werden
│                        zum Zeitpunkt des Kaufes erfüllt.
└── Auswahlmöglichkeiten → • Wettbewerbssituation
                            • Wechselkosten
```

Abbildung XI: Konsumentensouveränitäts-Test (Consumer Sovereignty Test)[268]

- Urteilsfähigkeit (comsumer capability)

  Der Freiheitsgrad des Konsumenten im Bezug auf die Limitation rationale Entscheidungen treffen zu können.[269]

  Beispiel: Ist ein Teenager wirklich in der Lage für sich abzuwägen, ob er mit dem Rauchen beginnt oder nicht? Kann man von einem Minderjährigen erwarten, dass er die langfristigen gesundheitlichen Schäden bewerten kann?[270]

- Informationsstand (information)

  Die Verfügbarkeit und die Qualität relevanter Informationen um eine Kaufentscheidung treffen zu können.[271]

---

[267] Vgl. Smith, N. C. (1996b), S. 31ff.
[268] Selbsterstellte Abb., in Anlehnung an: Smith, N. C. (1995), S. 92; Andreasen, A. R. (2001), S. 129; Fill, C. (2005), S. 105.
[269] Vgl. Crane, A.; Matten, D. (2007), S. 340f.
[270] Vgl. Andreasen, A. R. (2001), S. 129.
[271] Vgl. Crane, A.; Matten, D. (2007), S. 340f.

Beispiel: Sowohl die Tabakindustrie als auch die Fast-Food-Ketten gelten als gutes Beispiel. Informationen über die tatsächlichen Schäden sind nur ansatzweise vorhanden. Auf was sich regelmäßiges Rauchen oder Fast-Food alles auswirken kann, ist qualitativ nicht ausreichend verfügbar.

- Auswahlmöglichkeiten (choice)

    Die Möglichkeit des Konsumenten zwischen Produkten verschiedener Anbieter wählen zu können.[272] Nur durch die Möglichkeit der Wahl zwischen Alternativen, kann die Zufriedenheit gewährleistet werden und nicht ein Kauf aufgrund fehlender wünschenswerter Auswahlmöglichkeiten.[273]

    Beispiel: Ist man erst süchtig nach Zigaretten, so wird dem Konsumenten die Wahl nicht mehr überlassen.[274] Er muss seine Sucht befriedigen.

Die Konsumentensouveränität sollte eine tiefgründige Rolle im Hinblick auf die Rechte des Konsumenten spielen.[275] Auch in der Literatur wird die Position von SMITH häufig propagiert.[276]

2.5.4.3 Normatives Konzept nach MURPHY und LACZNIAK

MURPHY und LACZNIAK stellen zunächst Faustregeln vor, die zur Lösung eines ethischen Dilemmas beantwortet werden sollten:[277]

- Goldene Regel (the golden rule): Handle so, wie du von anderen erwartest, dass sie dir gegenüber handeln.

- Nützlichkeitsprinzip (the utilitarian principle): Handle so, dass die Ergebnisse der Entscheidung den größtmöglichen Nutzen erzielen (z. B. Erfolg, Belohnungen, Bedarfsdeckung).

- Kants Kategorischer Imperativ: Handle so, dass dein Handeln ein allgemeines Gesetz für das Verhalten eines jeden, der unter den gleichen Umständen handeln muss, sein könnte.

---

[272] Vgl. ebd., S. 340f.
[273] Vgl. Hansen, U. (1995), S. 29.
[274] Vgl. Andreasen, A. R. (2001), S. 129.
[275] Vgl. Crane, A.; Matten, D. (2007), S. 341.
[276] Vgl. Srnka, K. (1997), S. 45.
[277] Vgl. Laczniak, G. R. (1985), S. 10.

- Die Berufsethik (the professionel ethic): Handle ausschließlich so, dass deine Handlungen von einem objektiven Gremium von Berufskollegen als richtig angesehen werden.
- Der TV-Test: vgl. Kapitel 2.4.3.4

Darüber hinaus schlagen MURPHY und LACZNIAK einen Fragenkatalog vor, der Marketingmanagern Hilfestellung bieten soll, unter ethischen Gesichtspunkten Handlungen zu analysieren. Die Fragen umfassen gesetzliche Aspekte (verstößt die Handlung gegen das Gesetz?), moralische Verpflichtungen (u. a. die Pflicht zur Ehrlichkeit, Dankbarkeit, Gerechtigkeit und Wohltätigkeit), Absichten (ist die Absicht der Handlung böse?) und Konsequenzen (welche weiteren bösen Konsequenzen ergeben sich daraus).[278]

Mithilfe der Analyse der Antworten und den möglichen widersprüchlichen Ergebnissen, soll die Fähigkeit der Manager verbessert werden, ethisch zu argumentieren und entscheiden zu können. Die Checklisten dienen als Hilfestellung ethische Entscheidungen treffen zu können.[279] Dennoch ist die Entscheidung letztendlich von dem Manager abhängig, der diese in letzter Instanz trifft.

2.5.5 Implementierung einer Marketingethik

2.5.5.1 Ethisch fundierte Unternehmenskultur

Eine ethisch fundierte Unternehmenskultur hat das Ziel, eine Präferenzordnung als Grundlage zu schaffen, an der sich die Organisation orientiert und nach der sie handelt.[280] ULRICH formuliert die Seite der Unternehmenskultur als „sozioökonomisches Wertberücksichtigungspotenzial des Unternehmens".[281] Um eine ethische Unternehmenskultur zu schaffen müssen Richtlinien definiert werden, die der ethischen Entscheidungsfindung dienen.[282] Die Einführung von Verhaltenskodizes trägt zu einer Formung der Moral im Unternehmen bei und schafft allgemeingültige Werte für die Organisation. Gleichermaßen helfen Kodizes moralische Wertkonflikte sowohl innerhalb, als auch außerhalb der Organisation zu lösen.[283]

---

[278] Vgl. Laczniak, G. R. (1985), S. 23.

[279] Vgl. ebd., S. 23f.

[280] Vgl. Hansen, U. (1995), S. 43.

[281] Ulrich, P. (1987), S. 139.

[282] Vgl. Laczniak, G. R. (1985), S. 23.

[283] Vgl. Hansen, U. (1995), S. 43.

Innerhalb des Marketings sind Marketingethikkodizes nicht als Public Relations-Instrument zu verstehen, da es sich um dauerhaft verankerte Werthaltungen des Unternehmens handelt, die nur dann als glaubwürdig gelten, wenn sie auf allen Ebenen internalisiert und gelebt werden.[284] Auf diese Weise wird den Stakeholdern die Moralität des Unternehmens signalisiert. Mit einem Marketingethikkodex binden sich Unternehmen auf freiwilliger Basis an verbindliche Verhaltensregelungen.[285] Es existieren bereits diverse Initiativen und Standards denen Unternehmen sich anschließen können. Nachfolgend werden der Social Accountability Standard (SA 8000) und der Kodex der International Chamber of Commerce (ICC) ausgewählt:

- Social Accountability Standard (SA 8000)

  Der SA 8000 wurde von der Social Accountability International (SAI), eine Non-Profit-Organisation mit dem primären Ziel der weltweiten Verbesserung der Arbeitsbedingungen, erarbeitet. 1996 wurde der Standard durch einen Multistakeholderansatz ins Leben gerufen. Partizipiert haben Vertreter aus allen Branchen, Unternehmen, Mitarbeiter, Investoren, Gewerkschaften, NGOs und Govermental Organisations (GOs).[286] U. a. basierend auf den Menschenrechtskonventionen der International Labour Organisation (ILO) und dem Qualitätsmanagementsystem der ISO 9000, fordert der SA 8000 die permanente Verbesserung der sozialen Performance des Unternehmens mithilfe eines integrierten Managementsystems.[287] Mit dem Sozialmanagementstandard verpflichten sich Unternehmen Regeln im Bereich der Kinder- und Zwangsarbeit, Sicherheit, Diskriminierung, Entlohnung und Arbeitszeit.[288] Darüber hinaus haben die Unternehmen die Möglichkeit sich durch unabhängige Wirtschaftsprüfer (z. B. durch RWTÜV Far East) zu zertifizieren. Diese Dienstleister wiederum sind von der SAI selbst zertifiziert. Glaubwürdigkeit, Transparenz und Nachweisbarkeit sind der SAI damit mit dem SA 8000 gelungen.[289]

  Mit dem SA 8000 wird gleichermaßen die Grundlage für eine erfolgreiche CSR-Performance geschaffen. Die Wichtigkeit und die Bedeutung des Standards spricht aus der Tatsache, dass aktuell über 2.000 Unternehmen in 64 Ländern, aus 66 un-

---

[284] Vgl. ebd., S. 44.

[285] Vgl. Güldner, I. (2007), S. 71.

[286] Vgl. www.sa-intl.org/index.cfm?fuseaction=Page.viewPage&pageId=472, Abruf am 18.03.2011.

[287] Vgl. Duncker, S. (2003), S. 245.

[288] Vgl. Gilbert, D. U. (2001), S. 132.

[289] Vgl. Duncker, S. (2003), S. 245f.

terschiedlichen Branchen, mit mehr als 1,1 Mio. Mitarbeitern nach SA 8000 zertifiziert sind.[290]

- Kodex der International Chamber of Commerce (ICC)

Die Nationalkomitees, die in mehr als 90 Ländern vertreten sind und die ICC Direktmitglieder in 34 Ländern, bilden das Netzwerk der ICC. Dabei vertreten die Nationalkomitees die Interessen der Wirtschaft gegenüber den nationalen Regierungen und tragen mit Ihren Beiträgen zur strategischen Arbeit der ICC bei.[291] Unterzeichner verpflichten sich in all ihren Marketingentscheidungen fair, ehrlich und gerecht zu handeln.[292] Der Kodex dient der freiwilligen Selbstkontrolle des Unternehmens innerhalb der Marketingkommunikation. Dazu zählen Ziele wie die Verantwortungsübernahme innerhalb des Marketings weltweit zu veranschaulichen und damit einhergehend die Marketingkommunikation in ihrer Glaubwürdigkeit zu stärken. Dabei kommt Kindern und Jugendlichen ein besonderer Schutz zu.[293]

2.5.5.2 Konsumenten-Dialog

Im strategischen Marketing konzentrieren sich dialogische Ansätze auf Kritik oder Lob sowie Vorschläge der Konsumenten selbst.[294] Durch den Dialog mit dem Konsumenten sind ethische Konflikte nicht nur frühzeitiger, sondern auch konkreter zu entdecken. Gleichermaßen bietet der Dialog die Möglichkeit, die Interessen der Konsumenten gezielter herauszufiltern. Durch eine Internalisierung der Konsumentenbedürfnisse auf der Organisationsebene können Konflikte mit der Umwelt präventiv vermieden werden.[295] Das Marketing verfolgt dabei folgende Ziele:

- Gewinnung von Informationen

  Beschwerden, Anregungen und Kritik weisen eine hohe Aktualität auf und können als Frühwarnindikatoren genutzt werden.[296]

- Lösung von Konflikten

---

[290] Vgl. www.sa-intl.org/index.cfm?fuseaction=Page.viewPage&pageId=478, Abruf am 18.03.2011.
[291] Vgl. ICC Deutschland e. V. Deutsche Handelskammer (2008), S. 54.
[292] Vgl. Güldner, I. (2007), S. 73.
[293] Vgl. ICC Deutschland e. V. Deutsche Handelskammer (2008), S. 8.
[294] Vgl. Hansen, U. (1995), S. 60.
[205] Vgl. ebd., S. 42.
[296] Vgl. ebd., S. 61.

Im Dialog mit dem Konsumenten können Konflikte gezielt angesprochen und eine Lösung für die Unzufriedenheit geschaffen werden.[297] Damit wird dem Unternehmen ermöglicht sich selbst zu regulieren und seine Leistung zu verbessern.[298]

- Differenzierung vom Wettbewerb

  Der Dialog bietet den Unternehmen die Möglichkeit sich von seinen Marktbegleitern abzugrenzen. Durch einen Abbau der Konflikte und einer Verbesserung des Angebots, wird den Bedürfnissen der Konsumenten versucht zu entsprechen. Das kann zu einer Verbesserung des Images und zu einer Präferenzbildung beim Kunden führen. Die Übernahme sozialer Verantwortung ist in diesem Zusammenhang eine Möglichkeit sich insbesondere in unbeliebten Branchen (u. a. Chemie) zu profilieren.[299]

- Kundenbindung

  Zielsetzung eines jeden Unternehmens sollte die langfristige Kundenbindung sein. Eine durch den Dialog besondere Form der Kommunikation kann die Zufriedenheit des Kunden, als Schlüssel zur Kundenbindung, fördern.[300]

Zur Institutionalisierung eines Dialogs zwischen Unternehmen und Konsumenten bietet sich nach HANSEN z. B. die Einführung von Verbraucherabteilungen an. Solch eine integrierte Verbraucherabteilung, die je nach Mitwirkungsrechten auch als Interessenvertretung verstanden werden kann,[301] beruht auf den Vorstellungen einer Dialogethik nach STEINMANN (vgl. Kapitel 2.4.2). Die Verbraucherabteilungen müssen jedoch einen Entscheidungsspielraum haben, um ethische Dilemmasituationen wirksam lösen zu können. Dabei muss der Mitarbeiter in der Verbraucherabteilung über die Kompetenz verfügen, um zum einen die Existenz des Unternehmens nicht zu gefährden und zum anderen dem Verbraucher eine für ihn bessere Handlungsalternative zu eröffnen, die hingegen weniger ertragsreich ist.[302]

---

[297] Vgl. Hansen, U. (1985), S. 646.
[298] Vgl. ebd., S. 61.
[299] Vgl. ebd., S. 61.
[300] Vgl. ebd., S. 61.
[301] Vgl. Schreyögg, G. (1985), S. 202.
[302] Vgl. ebd., S. 200.

2.5.6 Kritische Würdigung der Marketingethik

Googelt man den Begriff Ethik werden ca. 9.990.000 Ergebnisse ermittelt.[303] Die Marketingethik kommt gerade auf ca. 1.080 Ergebnisse,[304] was das rare Angebot an Literatur wiederspiegelt. Insbesondere deutsche Literatur zu dem Thema als eigenständiges Forschungsgebiet ist Mangelware. Die englisch sprachige Literatur liefert mehr Forschung zum Thema (google liefert 5.850.000 Ergebnisse zu marketing ethics[305]). Dennoch steht es außer Frage, dass sowohl in den USA als auch in Deutschland die Auseinandersetzung mit der Marketingethik zunehmend an Bedeutung gewinnt. Die Marketingmanager der heutigen Zeit bewegen sich in einem dynamischen Markt auf globaler Ebene[306] und sind genau wie der Konsument permanent neuen Herausforderungen ausgeliefert, die zu steigender Unsicherheit führen.[307] Die Marketingethik liefert Instrumente für den Marketingmanager seine ethischen Fähigkeiten zu verbessern und damit einhergehend sich selbst und dem Konsumenten ein Stück seiner Unsicherheit zu nehmen. Die Implementierung einer Marketingethik dient der Verknüpfung moralischer und ökonomischer Ziele.[308] Gelingt einem Marketingmanager die Erzielung von Profit bei gelichzeitiger Erfüllung moralischer Akzeptanz, wird es leichter die Forderung der Konsumenten nach mehr Offenheit und Transparenz[309] zu erfüllen. Das Marketing zielt auf die langfristige Erfüllung der Kundenbedürfnisse ab,[310] mit der gleichzeitigen Intention den Kunden langfristig an das Unternehmen zu binden. Die Integration von Ethik im Marketing, welche den Moralvorstellungen der Kunden oder der potenziellen Kunden entspricht, kann langfristigen Erfolg und Wachstum bedeuten.[311]

Es wird zunächst Aufgabe der Marketingethik selbst sein, für sich zu werben und damit den Marketingmanagern zu zeigen, dass es die Möglichkeit gibt sich sowohl moralisch

---

[303] Vgl. www.google.de/#hl=de&q=Ethik&aq=f&aqi=g10&aql=&oq=&fp=431675678b0f3bd6, Abruf am 12.04.2011.

[304] Vgl. www.google.de/#hl=de&q=Marketingethik&aq=&aqi=&aql=&oq=&fp=431675678b0f3bd6, Abruf am 12.04.2011.

[305] Vgl. www.google.de/#hl=de&q=Marketing+ethics&aq=f&aqi=g1&aql=&oq=&fp=431675678b0f3bd6, Abruf am 12.04.2011.

[306] Vgl. Bickenbach, F.; Sotwedel, R. (1996a), S. 16.

[307] Vgl. Rösler, P.; Lindner, C. (2009), S. 128.

[308] Vgl. Meran, J. (1987), S. 35f.

[309] Vgl. Meffert, H.; Burmann, C.; Kirchgeorg, M. (2008), S. 880f.

[310] Vgl. Meffert, H.; Burmann, C.; Kirchgeorg, M. (2008), S. 11.

[311] Vgl. Schlegelmilch, B. B.; Götze, E. (1999), S. 34.

als auch gewinnbringend entscheiden zu können. Fundierte Erkenntnisse zu konkreten Vorteilen, sowohl monetär als nicht monetär, sind zu verbreiten um Ethik im Marketing voranzutreiben. Wichtig ist, dass nur das Leben der Marketingethik zu Erfolg führen kann. Der Einsatz von Ethik im Marketing ist nur dann glaubwürdig. Ein veröffentlichter oder gedruckter Code of Ethics macht sich nur positiv auf die Stakeholder bemerkbar, wenn sich daran gehalten wird.

3 Corporate Social Responsibility (CSR)

3.1 Begriff der Corporate Social Responsibility

3.1.1 Definition und Entwicklung von Corporate Social Responsibility

Wissenschaftlich wurde das Thema CSR bereits zu Beginn des 20. Jahrhunderts in den USA[312] diskutiert. DONHAM, Dekan der Harvard Business School, wies bereits 1929 auf die wachsende Bedeutung und die gestiegene Verantwortung für das Wohlergehen bestehender und zukünftiger Generationen hin.[313] Die Forderung nach mehr Transparenz und Rechenschaftspflicht gegenüber den Stakeholdern und damit den gesellschaftlich betroffenen Gruppen, gewann zunehmend an Bedeutung.[314] Dass es neben der ökonomischen Verantwortung der Unternehmen auch eine gesellschaftliche gibt, stellt DRUCKER 1942 in seinem Werk „The Future of Industrial Man" heraus.[315] BOWEN, der „Vater des CSR-Konzeptes"[316] vertritt in seinem 1953 erschienenen Buch „Social Responsibility of the Businessman,[317] die These, dass sich die soziale Verantwortung der Unternehmen an den gesellschaftlichen Erwartungen und Normen orientieren solle.[318] Da Unternehmen für sich gesellschaftliche Rechte in Anspruch nehmen, sollten diese ebenso negative Auswirkungen auf die Gesellschaft, insbesondere aus ethischen Gründen, vermeiden.[319] Somit sind Unternehmen für all ihre Entscheidungen verantwortlich und können demnach für die Folgen im Bezug auf die Menschen, ihre

---

[312] Vgl. Carroll, A. B. (2008), S. 19.
[313] Vgl. www.brass.cf.ac.uk/uploads/History_L3.pdf, Abruf am 30.01.2011.
[314] Vgl. Hardtke, A. (2010), S. 35.
[315] Vgl. Drucker, P. (2002), S. 208ff.
[316] Carroll A. B. (2006), S. 5.
[317] Vgl. Carroll, A. B. (2008), S. 25.
[318] Vgl. Bowen, H. R. (1953), S. 6f.
[319] Vgl. Jordan, F. (2008), S. 2f.

Gemeinschaft und ihre Umwelt verantwortlich gemacht werden, sofern sie diese beeinträchtigen.[320]

Die Ethik ist klar von der sozialen Verantwortung abzugrenzen. Die Ethik, als Wissenschaft vom moralischen Handeln, formuliert die Prinzipien, die auf moralischer Ebene von Managern gefordert werden (normativ). Die soziale Verantwortung hingegen ist als Bestandteil des sozialen Vertrages zu verstehen, der die Beziehungen zwischen Unternehmen und der Gesellschaft formuliert (deskriptiv).[321] Die allgemeinen Regeln werden demnach innerhalb der Ethik festgelegt, aus denen heraus wiederrum die konkreten Verpflichtungen der Unternehmen gegenüber der Gesellschaft erfüllt werden müssen.

CARROLL entwirft das 1970 veröffentlichte Four-Part-Model, in dem er im CSR-Konzept die Fähigkeit von Unternehmen auf sozialen Druck reagieren zu können wiederspiegelt.

CSR-Pyramide

PHILANTROPHISCHE Verantwortung
Sei als Unternehmen ein guter Bürger!

ETHISCHE Verantwortung
Sei ethisch!

LEGALE Verantwortung
Befolge die Gesetze!

ÖKONOMISCHE Verantwortung
Sei profitabel!

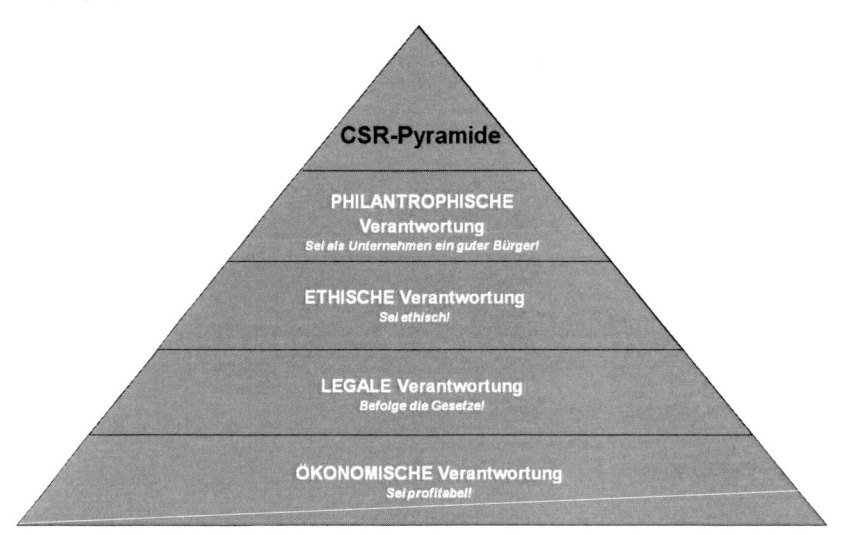

Abbildung XII: Das Four Part Model nach CARROLL[322]

Die Verantwortung von Unternehmen wird in dem Model in vier Ebenen unterteilt. Beginnend mit der ökonomischen Verantwortung für den wirtschaftlichen Erfolg, folgt auf der nächsten Stufe die legale Verantwortung, mit der verpflichtenden Komponente der Einhaltung aller gesetzlichen Regelungen. Die ethische Ebene umfasst das korrekte

---

[320] Vgl. Post, J. E.; Lawrence, A. T.; Weber, J. (1996), S. 37.
[321] Vgl. Robin, D. P.; Reidenbach, R. E. (1987), S. 45.
[322] Selbsterstellte Abb., in Anlehnung an: Crane, A.; Matten, D.; Spence, L. J. (2008), S. 66.

Verhalten von Unternehmen über dem gesetzlichen Rahmen hinaus. Die Spitze der sogenannten Pyramide der CSR beinhaltet die Ebene der Philantrophie, in welcher sich Unternehmen als Wunsch sozialen Engagements der Gesellschaft darstellen.[323]

Die mit Beginn der 50er Jahre entstandenen Konzepte zum Thema CSR, weisen bis heute einen Trend zur Operationalisierung auf. Während zu Beginn der Diskussion um CSR die ethische und moralische Verantwortung in den Vordergrund gestellt wurde, findet sich heute der Fokus auf der betrieblich orientierten Verantwortung.

World Business Council for Sustainable Development (WBCSD) definiert CSR als "continuing commitment by business to contribute to economic development while improving the quality of life of the workforce and their families as well as of the community and society at large".[324] Demnach wird die Unternehmung zum Adressaten ethischer Forderungen und ökonomischer und ethischer Verantwortung.

In Deutschland wurde der Begriff CSR relativ spät rezipiert und ist heute gekennzeichnet durch die gesetzlich geregelte Verantwortung der Unternehmen, die auf der politischen Ebene, insbesondere mithilfe von Unternehmensverbänden und Gewerkschaften, ausgehandelt sowie auf der wirtschaftlichen Ebene in das Kerngeschäft der Unternehmen implementiert werden soll. Corporate Citizenship (CC) steht hingegen für das freiwillige gesellschaftliche Engagement der Unternehmen, welches über Sach-, Geld- und Dienstleistungen zum Ausdruck gebracht wird.[325] Der Unterschied zwischen CSR und CC liegt in der wirtschaftlichen Dimension. Während der CSR-Begriff die wirtschaftliche Dimension gesellschaftlichem Engagements umfasst, welches wirtschaftliche Prozesse und Entscheidungen eines Unternehmens eng miteinander verknüpft, ist der Begriff CC, mit dem Unternehmen als guter Bürger, im weitesten Sinne davon losgelöst zu betrachten.[326]

Aus der Verknüpfung der freiwilligen gesellschaftlichen Verantwortung mit der gesetzlichen Verpflichtung, kann die komplette Breite der gesellschaftlichen Rolle der Unternehmen erschlossen werden.[327]

---

[323] Vgl. Crane, A.; Matten, D.; Spence, L. J. (2008), S. 60ff.

[324] www.wbcsd.org/templates/TemplateWBCSD5/layout.asp?type=p&MenuId=MTE0OQ, Abruf am 30.01.2011.

[325] Vgl. Backhaus-Maul, H. (2009), S. 2ff.

[326] Vgl. Schmeisser, W.; Rönsch, M.; Zilch, I. (2009), S. 87.

[327] Vgl. Heidbrink, L.; Hirsch, A. (2008), S. 175.

3.1.2 Prinzipen der Corporate Social Responsibility

Deutlich wird mehr und mehr eine gemeinsame Diskussionsgrundlage der inhaltsverwandten Konzepte der Wirtschafts- und Unternehmensethik sowie der CSR, CR und der Nachhaltigkeit.[328] Dies spiegelt sich ebenfalls in der ISO 26000 wieder, die im Zusammenhang mit der ISO 9000 und der ISO 16000 einen Leitfaden für gesellschaftlich verantwortliches Handeln entworfen hat. Dieser Leitfaden ist bisher nicht zertifizierbar. Folgende Grundpfeiler gesellschaftlicher Verantwortung werden gelegt:[329]

- Rechenschaftspflicht

  Das Unternehmen hat eine moralisch-ethische Verpflichtung gegenüber der Gesellschaft, insofern ihre Geschäftätigkeit sich auf Umwelt und Gesellschaft auswirkt.[330] Die Rechenschaftpflicht umfasst zum einen die Informationspflicht gegenüber Kontrollgremien und Anteilseignern und zum anderen gegenüber staatlichen Institutionen. Die zunehmende Internalisierung von CSR durch die Unternehmen, wird ersichtlich durch die steigenden Aktivitäten gegenüber ihren Stakeholdern (z. B. durch Investor Relations der Aktiengesellschaften).[331]

- Transparenz

  Im Zusammenhang mit der Rechenschaftspflicht (Accountability), sind die Unternehmen innerhalb ihrer Informationspolitik transparenter für die Stakeholder zu machen.[332] Sämtliche Entscheidungen und Handlungen eines Unternehmens, die sich auf die Gesellschaft oder Umwelt auswirken, sind offen und ehrlich zu kommunizieren (z. B. Umwelt- und Nachhaltigkeitsberichterstattung, Umweltkennzeichnung (Öko-Labeling), direkter Informationsdialog zwischen Stakeholder und Unternehmen.[333]

- Gesetzeskonformität / Gesetzestreue

  Gesellschaftlich verantwortliches Handeln ist nicht gesetzlich vorgeschrieben, sondern steht den Unternehmen frei.[334] Die gesetzlichen Anforderungen stellen, wie bereits im Ansatz von HOMANN dargestellt, einen Rahmen[335] mit einem Minimum

---

[328] Vgl. Polterauer, J. (2008), S.149f; Carroll, A. B. (2008), S. 39.

[329] Selbsterstellte Abb., in Anlehnung an Hardtke, A. (2010), S. 48.

[330] Vgl. Crane, A.; Matten, D. (2007), S. 48.

[331] Vgl. Fieseler, C. (2010), S. 210.

[332] Vgl. Raith, D.; Ungericht, B.; Korenjak, T. (2009), S. 62.

[333] Vgl. OECD (2005), S. 49ff.

[334] Vgl. Kommission der europäischen Gemeinschaften (2001), S. 3f.

[335] Vgl. Friske, C. (2005), S. 38.

an gesetzlichen Forderungen dar.[336] Innerhalb der gesetzlichen Verpflichtung der Unternehmen in Deutschland bzw. auf EU-Ebene, geht es um die Ausweitung der moralisch-ethischen Verantwortung auf internationaler Ebene.[337] Beispielsweise die Einhaltung von Arbeitsbedingungen und Sozialschutz sowie Arbeits- und Gesundheitsschutz.[338]

- Achtung der Interessen der Stakeholder

Bei der Berücksichtigung legitimer Interessen der Stakeholder, sind neben der Beziehung zwischen Anbieter und Nachfrager, auch die Anspruchsgruppen gemeint, die im wietesten Sinne durch die Unternehmensaktivitäten betroffen sind. Innerhalb des Marketings ist der Aspekt der Stakeholder-Beziehung bereits verankert. Die gesellschaftlichen und ökologischen Vermögenswerte eines Unternehmens repräsentieren, inwieweit es gelungen ist, neben der Generierung von Nutzenvorteilen auf Seiten der Nachfrager, auch die Anforderungen auf Seiten der Umwelt (u. a. Umweltschutzgruppen) und der Gesellschaft (u. a. Gesetzgeber, Bürger), berücksichtigt werden konnten.[339]

- Achtung internationaler Verhaltensstandards

Hierbei geht es um Richtlinien, Normen, Leitlinien und Selbstverpflichtungen, die auf ethischen Prinzipien basieren.[340] Aus ihnen resultieren Mindestvorgaben für ein verantwortliches Verhalten gegenüber Unternehmen und Umwelt sowie Anleitungen für die Implementierung funktionsfähiger Management- und Kontrollmechanismen.[341] Unternehmen, deren CSR-Kultur ausgeprägt gelebt wird, bekennen sich auch freiwillig zu Verhaltenskodizes und Standards im Bezug auf soziale Gerechtigkeit und Umwelt[342] (z. B. Code of Conduct[343]).

- Achtung der Menschenrechte

Ein von Verantwortungsbewusstsein gekennzeichnetes Unternehmen bekennt sich nicht nur zu den anerkannten Menschenrechten, wie u. a. den OECD-Leitlinien für multinationale Unternehmen oder die Kernarbeitsnormen der IAO, sondern ver-

---

[336] Vgl. Green, M. (1979), S. 5.
[337] Vgl. Hardtke, A. (2010), S. 46.
[338] Vgl. Gerstein, A. (2010), S. 147ff.
[339] Vgl. Meffert, H.; Burmann, C.; Kirchgeorg, M. (2008), S. 74.
[340] Vgl. Steinmann, H.; Löhr, A. (1992), S. 246f.
[341] Vgl. Hardtke, A. (2010), S. 48.
[342] Vgl. Wieland, J. (2004), S. 567.
[343] Vgl. Heck, A. (2003), S. 298.

pflichtet sich auch zur Einhaltung dieser.[344] Die Verpflichtung geht dabei über die nationalen Grenzen, sowohl gesetzlich als auch kulturell, hinaus.

- Ethisches Verhalten

Die Eigentümer und Mitarbeiter eines Unternehmens sollen in all ihren Tätigkeiten im Einklang mit den kulturellen und moralischen Vorstellungen des sozialen Umfelds im Einklang stehen.[345] Die Verhaltensweisen der Unternehmen sollten sich grundsätzlich an ethischen Standards orientieren. Dabei sollten die eigenen Mitarbeiter und dessen Förderung im Hinblick auf ethisches Verhalten und deren Selbstverpflichtung aktiv gefördert werden. Die Durchsetzung von Code of Conducts oder Ethikrichtlinien liegt in der Verantwortung der Eigentümer bzw. der Führungskräfte. Die Unternehmensstrategie und die Kultur sowie das Wertesystem, werden stark durch eine Orientierung ethischen Verhaltens geprägt.[346]

3.2 Business Case-Typen für Corporate Social Responsibility

3.2.1 Business Case Corporate Social Responsibility

In der Literatur wird sich immer wieder der Frage hingegeben, wie ein Unternehmen sich langfristig dem obersten Ziel der Gewinnmaximierung[347], bei gleichzeitiger Übernahme sozialer Verantwortung, überhaupt widmen kann.[348] Stellt sich weiterführend die Frage, unter welchen Bedingungen kann CSR den Unternehmen als Erfolgsfaktor dienen? Demnach gilt es kurzfristig den Zielkonflikt zwischen dem ökonomischen Erfolg und der gesellschaftlichen Verantwortung mithilfe von Maßnahmen und Strategien zu einem langfristig erfolgreichen Business Case zu überwinden.[349] Als Business Case wird in der Forschung der aus dem unternehmerisch verantwortlichen Handeln resultierende betriebswirtschaftliche Vorteil für das Unternehmen bezeichnet.[350] Der damit verbundene gesellschaftliche Nutzen umfasst den Begriff des Social Case.[351]

---

[344] Vgl. Kommission der europäischen Gemeinschaften (2001), S. 14ff.

[345] Vgl. Hardtke, A. (2010), S. 43.

[346] Vgl. Wieland, J. (2004), S. 23ff.

[347] Vgl. Friedrich, K. (2010), S. 38.

[348] Vgl. Scherer, G.; Picot, A. (2008), S. 13.

[349] Vgl. Hansen, U., Schrader, U. (2005), S. 385.

[350] Vgl. Nährlich, S. (2008), S. 27; Schmeisser, W.; Rönsch, M.; Zilch, I. (2009), S. 132.

[351] Vgl. Schmeisser, W.; Rönsch, M.; Zilch, I. (2009), S.132; www.aktive-buergerschaft.de/mittelstand/hintergrundwissen/engagementlogik/social_case_-_business_case, Abruf am 05.02.2011.

CSR wird immer mehr als Marketinginstrument in Unternehmen implementiert. Dennoch sind wenige deutsche Unternehmen vom wirtschaftlichen Erfolg überzeugt und somit fehlt es an einer kontinuierlichen Integration von CSR in die Unternehmensstrategie.[352] Dennoch sei es den Unternehmen langfristig nicht möglich Gewinne bei gleichzeitiger unverantwortlicher Strategie zu maximieren.[353]

CSR kann jedoch als Business Case betrieben werden.[354] Übernimmt ein Unternehmen freiwillig soziale Verantwortung, so könne dies nach HANSEN und SCHRADER ökonomische Vorteile bringen.[355] Hierbei geht es jedoch nicht um die Realsierung eines CSR-Konzeptes zur Gewinnmaximierung, sondern in erster Linie um die positiven Auswirkungen auf die Gesellschaft als Ganzes.[356]

KURUCZ, COLBERT und WHEELER stellen die nachfolgenden vier Typen des Business Cases heraus, welche sich in der Literatur, zumindest in unstrukturierter Form, immer wieder finden lassen.[357]

3.2.2 Reputation und Legitimation

Die Reputation eines Unternehmens entsteht durch die Wahrnehmung und die Einschätzung des Unternehmens durch die Stakeholder.[358] Der Reputationsaufbau gilt als wichtigster immaterieller Vermögensgegenstand des Unternehmens[359] und als wichtigste vorökonomische Erfolgsgröße der CSR.[360] Eine verbesserte Reputation kann eine positive Einstellung gegenüber dem Unternehmen hervorrufen. Innerhalb der psychographischen Marketingziele wird der Einstellung und dem Image, dem Selbstverständnis des Unternehmens und dessen Charakteristika, die größte Bedeutung beigemessen.[361] Image ist die subjektive Assoziation und Bewertung eines Bezugsobjektes (z. B. das Unternehmen, Produkte oder Dienstleistungen des Unternehmens).[362] Image ist somit von großer Bedeutung für die Wahrnehmung des Unternehmens in der Öffent-

---

[352] Vgl. Schmeisser, W.; Rönsch, M.; Zilch, I. (2009), S. 85; Gandenberger, C. (2009), S. 317.
[353] Vgl. Porter, M. E.; Kramer, M. R. (2007), S. 18.
[354] Vgl. Scherer, G.; Picot, A. (2008), S.13.
[355] Vgl. Hansen, U., Schrader, U. (2005), S. 384.
[356] Vgl. ebd., S. 387.
[357] Vgl. Kurucz, E. C.; Colbert, B. A.; Wheeler, D. (2008), S. 83ff.
[358] Vgl. Seemann, R. (2008), S. 40.
[359] Vgl. Klinner-Möller, N.; Walsh, G. (2011), S. 448.
[360] Vgl. Marsden, C.; Andriof, J. (1998), S. 340; Westebbe, A.; Logan, D. (1995), S. 12.
[361] Vgl. Trommsdorff, V. (1975), S. 5f.
[362] Vgl. Trommsdorff, V. (2004), S. 168.

lichkeit (u. a. durch staatliche Institutionen, NGOs, Bürger im Umfeld, etc.)[363] sowie Kunden und eigene Mitarbeiter.[364] Unternehmen, die soziale Verantwortung übernehmen, können ihr Image und somit ihre Reputation in der Öffentlichkeit verbessern.

Die sogenannten Social Investments[365] und ethischen Investitionen[366] stellen ethische, soziale und ökologische Kriterien der Investoren in den Investitionsentscheidungsprozess mit ein.[367] Darüber hinaus wird davon ausgegangen, dass ein Unternehmen, welches den Kriterien entspricht, erhöhte Wachstumschancen hat.[368] Untersuchungen zum Thema CSR-Aktivitäten der Unternehmungen und der Verbesserung des Images belegen diesen Zusammenhang.[369] Dies ist Managern bewusst, und wird von diesen als ein zentraler Grund für den Einsatz von CSR-Argumenten angegeben.[370]

Im Bezug auf die Legitimität lässt sich das „Licence to operate-Konzept" von DAVIS heranziehen.[371] Die verschiedenen Anspruchsgruppen übertragen an das Unternehmen unterschiedlichste Aufträge. Um diese Aufträge zu erfüllen, erhalten die Unternehmen die licence to operate.[372] Dabei kann die Legitimität des Stakeholders auf unterschiedlichen Grundlagen basieren, wie z. B. Vertragsbeziehungen, Eigentumsrechte, Austauschverhältnisse, gesetzliche Grundlagen, das zu tragende Risiko des Stakeholders oder moralische Rechte.[373] Die Stakeholder stellen dem Unternehmen demnach Ressourcen zur Verfügung um die Aufträge in ihrem Sinne zu erfüllen.[374] Die Licence to operate muss das Unternehmen immer wieder neu erwerben und kann diese demnach durch einen Verstoß gegen die Wünsche und Vorstellungen der Stakeholder verlieren.[375]

---

[363] Vgl. Wieland, J. (2002), S. 11; Fombrun, C. J.; Gardberg, N. A.; Barnett, M. L. (2000), S. 95ff.

[364] Vgl. Hansen, U.; Schrader, U. (2005), S. 384.

[365] Vgl. Barnett, M.; Salomon, R. (2006), S. 1102.

[366] Vgl. Mackenzie, C.; Lewis, A. (1999), S. 439ff.

[367] Vgl. Duong Dinh, H. V. (2011), S. 28.

[368] Vgl. Hennig-Thurau, T.; Hansen, U.; Bornemann, D. (2001), S. 198ff; Weiser, J.; Zadek, S. (2000), S. 11.

[369] Vgl. King, D.; Mackinnon, A. (2001), S. 37.

[370] Vgl. Maaß, F.; Clemens, R. (2002), S. 81ff.

[371] Vgl. Kurucz, E. C.; Colbert, B. A.; Wheeler, D. (2008), S. 90.

[372] Vgl. Suchman, M. C. (1995), S. 586.

[373] Vgl. Schuhmacher, R. J. (2010), S. 213.

[374] Vgl. Schoeneborn, S. (2009), S. 53.

[375] Vgl. Davis, K. (1973), S. 314.

Die Steigerung der Reputation und der Legitimität des Unternehmens durch CSR-Initiativen, können einen Wettbewerbsvorteil generieren.[376] Darüber hinaus kann präventiv gegen Konsumenten- und Shareholderaktivisten, staatlicher Regulierung oder sogar öffentlichen Skandalen durch NGOs gehandelt werden.[377]

3.2.3 Kosten- und Risikoreduktion

Risikoabbau kann eine Wirkung erfolgreicher CSR sein.[378] Schafft ein Unternehmen Risiken nachhaltig zu minimieren, so kann es gleichermaßen ökonomisch profitieren, z. B. durch eine Verbesserung des Aktienkurses bzw. einer Steigerung des Unternehmenswertes oder durch Umsatzsteigerung bis hin zur Kostensenkung.[379] Der Zusammenhang entsteht durch die umstrittene Annahme, dass verantwortlich handelnde Unternehmen geringeren Kursschwankungen und damit einhergehend einem geringerem Risiko unterliegen.[380] Die Reduktion des Risikos und die Erhöhung des positiven Images eines Unternehmens zeigen sich in diesem Zusammenhang als zwei Seiten einer Medaille. So kann die Reputation in Zeiten der Krise erfolgsentscheidend für den Geschäftserfolg bzw. den Erhalt des Unternehmens sein.[381]

Die Einführung von Umweltmanagementsystemen führe zu nachweisbaren Kostensenkungen durch verringerten Materialeinsatz und Einsparungen im Bereich Energiekosten. Durch den Einsatz von CSR-Instrumenten würde die ökonomische Effizenz erhöht werden.[382]

3.2.4 Wettbewerbsvorteil

Die freiwillige Übernahme gesellschaftlicher Verantwortung durch ein Unternehmen, schadet der ökonomischen Wettbewerbsfähigkeit nicht, sondern kann ein Wettbewerbsvorteil sein.[383] Somit kann CSR zur Profilierung innerhalb des Wettbewerbsumfeldes einen wesentlichen Beitrag leisten und Unternehmen, die gesellschaftliche Verantwortung und Nachhaltigkeit langfristig in ihrer Strategie integriert haben, klar im

---

[376] Vgl. Kurucz, E. C.; Colbert, B. A.; Wheeler, D. (2008), S. 90.

[377] Vgl. Curbach, J. (2009), S. 167.

[378] Vgl. Scherer, G.; Picot, A. (2008), S. 13.

[379] Vgl. Hansen, U.; Schrader, U. (2005), S. 384.

[380] Vgl. Hennig-Thurau, T.; Hansen, U.; Bornemann, D. (2001), S. 198ff; Weiser, J.; Zadek, S. (2000), S. 11.

[381] Vgl. Fombrun, C. J.; Gardberg, N. A.; Barnett, M. L. (2000), S. 95ff.

[382] Vgl. Hansen, U.; Schrader, U. (2005), S. 384.

[383] Vgl. ebd., S. 384.

Wettbewerbsumfeld differenzieren.[384] Durch das CSR-Engagement des Unternehmens, steigen die Erwartungen und das Informationsbedürfnis der Bürger. So könne auf einen Wettbewerbsvorteil verwiesen werden, der sich gleichermaßen auf den Markenwert niederschlagen kann.[385] Ein positives Image kann darüber hinaus die Kundenbindung fördern, und vor allem im sogenannten „War of talents"[386] einen entscheidenden Wettbewerbsvorteil hervorbringen.[387]

Zusammengefasst können proaktive CSR-Investitionen positive Optionen der Differenzierung des investierenden Unternehmens gegenüber dem Wettbewerb, der Erschließung neuer Märkte und potenzieller Kunden, eigener Mitarbeiter im Bezug auf die Motivation oder potenzieller neuer Investoren bedeuten.[388]

3.2.5 Synergetische Wertschöpfung

Bei der synergetischen Wertschöpfung geht es um die Integration der Stakeholder-Interessen innerhalb der Wertschöpfung auf verschiedensten Ebenen.[389] Zu den Stakeholdern gehören z. B. Mitarbeiter, Lieferanten, Kunden, regulierende Institutionen, Shareholder und unterschiedlichste Interessengruppen.[390] Ein positives Ansehen des Unternehmens in den Augen der Shareholder gilt als einer der wichtigsten Komponenten.[391] Eine Verknüpfung mit den Interessen der Stakeholder öffne neue, bisher nicht erkannte Möglichkeiten der Wertschöpfung.[392] Konkrete Beispiele für die einzelnen Interessengruppen sind bei Kunden ein nachhaltiges Produktsortiment, innovative Vertriebswege, einwandfreier Service, bei Mitarbeitern Investitionen in Gesundheit, Bildung, Work-Life Balance, im Bereich der Umwelt die Implementierung eines Umweltmanagementsystems und gesellschaftlich die Schaffung von Ausbildungsangeboten und Bildungsprojekten.[393]

---

[384] Vgl. www.umweltdialog.de/umweltdialog/csr_news/2007-05-25_Volkswagen_positioniert_CSR_Geschaeftsstelle.php, Abruf am 06.02.2011.

[385] Vgl. Schmeisser, W.; Rönsch, M.; Zilch, I. (2009), S. 106.

[386] Vgl. Kurucz, E. C.; Colbert, B. A.; Wheeler, D. (2008), S. 90; www.focus.de/finanzen/karriere/management/talent-survey-2008-top-kraefte-sichern-wettbewerbsvorteil_aid_331427.html, Abruf am 06.02.2011.

[387] Vgl. Kurucz, E. C.; Colbert, B. A.; Wheeler, D. (2008), S. 90; Hansen, U.; Schrader, U. (2005), S. 384.

[388] Vgl. Curbach, J. (2009), S. 167.

[389] Vgl. Kurucz, E. C.; Colbert, B. A.; Wheeler, D. (2008), S. 91.

[390] Vgl. Curbach, J. (2009), S. 169.

[391] Vgl. Mahon, J. F.; Watrick, S. L. (2002), S. 24.

[392] Vgl. Kurucz, E. C.; Colbert, B. A.; Wheeler, D. (2008), S. 91.

[393] Vgl. Schmeisser, W.; Rönsch, M.; Zilch, I. (2009), S. 116f.

Der o. g. Imageeffekt kann ebenso zu einer positiven Beziehung zwischen Stakeholdern und Unternehmen beitragen und sich u. a. auf die Mitarbeitermotivation und die Kundenbindung auswirken.[394] Eine CSR-Performance kann in Krisenzeiten dazu führen, dass Mitarbeiter eher Bereitschaft zeigen, auf Lohnkürzungen und Kurzarbeit einzugehen oder sogar Unternehmensanteile zu kaufen, um dem Unternehmen in Zeiten finanzieller Engpässe, die nötige Flexibilität zu gewähren. Darauf kann man jedoch nur hoffen, wenn den Mitarbeitern gegenüber zuvor mit Fairness begegnet wurde.[395]

Zusammenfassend stellt sich die Literatur immer wieder die Frage nach der Existenz eines Business Cases für CSR. Es wird zu Recht ein Nachweis verlangt, der den Zusammenhang herstellt, dass verantwortlich handelnde Unternehmen auch wirklich profitabler sind. Insbesondere sei auf eine differenziertere Sichtweise hingewiesen, die genau diejenigen Firmen herausstellen, in dessen Branche es Sinn macht.[396] Wieder andere publizieren, dass soziale Verantwortung von Unternehmen nicht nur bedeutet, dass richtige zu tun, sondern gleichermaßen eine Abgrenzung zum Wettbewerb ist.[397]

3.3 Treiber der Corporate Social Responsibility

3.3.1 Konsumenten als Treiber von Corporate Social Responsibility

3.3.1.1 Konsumenten der heutigen Zeit

Wie jede andere Unternehmensperformance, wird auch gesellschaftliches Engagement von den Stakeholdern beeinflusst. Damit CSR überhaupt erst erfolgreich und somit ein Wettbewerbsvorteil für das Unternehmen werden kann, kommt es auf das Verhalten der verschiedenen Interessengruppen an. Neben der Politik, den NGOs, den eigenen Mitarbeitern und Lieferanten, kommt es dabei insbesondere auf den Konsumenten selbst an.[398]

Das Konsumentenverhalten der heutigen Zeit ist geprägt von differenzierten und polarisierten Kundenwünschen.[399] Eine Folge aus der Individualisierung und der daraus resultierenden Suche nach mehr Entfaltung.[400] In der Beurteilung des Nutzens nehmen sowohl ökologische als auch sozialethische Orientierungen und entwicklungspolitische

---

[394] Vgl. Hansen, U.; Schrader, U. (2005), S. 384.
[395] Vgl. Schmeisser, W.; Rönsch, M.; Zilch, I. (2009), S. 107.
[396] Vgl. Vogel, D. (2005), S. 45.
[397] Vgl. Smith, N. C. (2008), S. 282.
[398] Vgl. Schmeisser, W.; Rönsch, M.; Zilch, I. (2009), S. 136.
[399] Vgl. Meffert, H.; Burmann, C.; Kirchgeorg, M. (2008), S. 852; Sieber, P. (2010), S. 208.
[400] Vgl. Aigner, I. (2010), S. 184; Meffert, H.; Burmann, C.; Kirchgeorg, M. (2008), S. 852.

Erfahrungen eine wachsende Rolle ein.[401] In den Supermärkten und Discountern wird das innerhalb der Produktpalette deutlich. Biofleisch als Alternative zur Massentierhaltung[402], Fairtrade-Produkte für menschenrechtliche und soziale Arbeitsbedingungen[403] sowie umweltschonende Produkte zur Erhaltung unserer Umwelt,[404] nehmen mehr Platz in den Regalen ein. Der Bio-Lebensmittel-Umsatz stieg 2007 im Vergleich zum Vorjahr um 43 % bzw. 1,5 Milliarden EUR. Im Jahr 2008 verzeichnete der Umsatz ein weiteres Wachstum auf 1,8 Milliarden EUR bzw. um +22 %.[405]

Die Ebene der Philantrophie, als vierte Ebene der Pyramide von CARROLL,[406] nimmt in der Gesellschaft einen immer höheren Stellenwert ein. Umso wichtiger ist die Internalisierung der Konsumentensouveränität durch die Unternehmen, welche SMITH in seinem normativen Konzept innerhalb der Marketingethik in den Vordergrund stellt.[407] Ein Indiz für die steigende Souveränität der Verbraucher ist die geschätzte Zahl „moralischer Konsumenten" von 1/3 der deutschen Bevölkerung.[408] Darunter z. B. die Gruppe der LOHAS, welche für Lifestyle of Health and Sustainability steht, die dem Trend nach Gesundheit und Ökologie als oberste Maxime folgt. 12 % der Gesamtbevölkerung ab 14 Jahre zählen zu diesen überdurchschnittlich marken- und qualitätsorientierten Menschen.[409] Das ergibt ein 290 Billionen USD wertvolles Marktsegment weltweit.[410]

Des Weiteren wird die Macht des Konsumenten in der Zeit des Web 2.0 gestärkt durch das Internet mit seinen Blogs, Testseiten, den Seiten von Unternehmen, Verbänden und den verbesserten Suchmaschinen wie google.com. Informationen sind schlichtweg einfacher zugänglich. Selbst die Stiftung Warentest stellt seit Ende 2004 ihre Ergebnisse, darunter CSR-Tests von Unternehmen, online der Öffentlichkeit zur Verfügung.[411] Die Verbraucher fordern mehr Transparenz über das Verhalten von Unternehmen im

---

[401] Vgl. Aigner, I. (2010), S. 181.

[402] Vgl. www.topagrar.com/index.php?option=com_content&task=view&id=2581&Itemid=520, Abruf am 19.02.2011.

[403] Vgl. www.fairtrade-code.de/transfair/mod_content_redpage/seite/dt_n_partner_firmen/index.html?sid=5e63fa8a6cae8d8af913eff47de3f06b, Abruf am 19.02.2011.

[404] Vgl. Xander, H. K. (2003), S. 17.

[405] Vgl. de.nielsen.com/news/PR20090218.shtml, Abruf am 22.02.2011.

[406] Vgl. Aigner, I. (2010), S. 181.

[407] Vgl. Crane, A.; Matten, D. (2007), S. 341.

[408] Vgl. Aigner, I. (2010), S. 184.

[409] Vgl. De Sombre, S. (2008), S. 19ff.

[410] Vgl. Green, B. (2010), S. 94.

[411] Vgl. www.test.de/themen/bild-ton/test/Digitalkameras-CSR-Begrenzte-Einblicke-1847268-1848035/, Abruf am 19.02.2011.

sozialen und ökologischen Sinne.[412] Für die Kaufentscheidung eines Produktes oder einer Dienstleistung spielen darüber hinaus die ethischen Aspekte innerhalb des Produktionsprozesses und der Vermarktung eine immer wichtigere Rolle.[413] Gleichermaßen nehme die Rolle des Images und der Reputation innerhalb des Wettbewerbs entscheidenden Charakter an, wobei ökonomisch verantwortlich agierende Unternehmen vom Verbraucher mehr Zuspruch erhalten würden.[414] Der Konsument wird immer spezifischer und es bilden sich Gruppen gewissenhafter (consience consumerism[415]), ethischer (ethical consumerism[416]) oder grüner (green consumerism[417]) Konsumenten, die das Interesse an CR verbindet.[418]

3.3.1.2 Ethischer Konsum und die Realität

In Deutschland ergab eine Befragung des US-Marktforschers GMI, dass 42 % der Befragten bestimmte Marken, aufgrund unfairer Arbeitsbedingungen und umweltverschmutzenden Praktiken der Produzenten, bewusst boykottieren.[419] Insbesondere große Marken, wie es bei Shell oder Nike der Fall war, seien anfällig für Boykotte.[420]

Dennoch gehören zu den primären Motiven der Verbraucher Produktvielfalt und Qualität sowie Service und der Preis des angebotenen Gutes.[421] Diese Kluft zwischen dem bevorzugten und den tatsächlich nachgefragten Gütern, entsteht durch fehlende Informationen. Der wissende Verbraucher würde, laut einer Studie des Instituts für Markt-Umwelt-Gesellschaft e. V. (imug), CSR-Grundsätze in seine Kaufentscheidung mit einbeziehen.[422] Wie oben bereits beschrieben, wäre die Möglichkeit der Informationsbeschaffung durch den Verbraucher selbst zumindest ansatzweise gegeben. Jedoch ist der Aufwand für die eigene Recherche innerhalb der Produktwelten scheinbar zu hoch. Darüber hinaus wären Umfrageergebnisse nicht wirklich repräsentativ, da der Konsu-

---

[412] Vgl. Sieber, P. (2010), S. 191.
[413] Vgl. Smith, N. C. (2008), S. 283f.
[414] Vgl. Sieber, P. (2010), S. 193ff.
[415] Vgl. Green, B. (2010), S. 94.
[416] Vgl. Hopwood, M.; Skinner, J.; Kitchin, P. (2010), S. 92ff.
[417] Vgl. Elkington, J. (2008), S. 244.
[418] Vgl. Smith, N. C. (2008), S. 283.
[419] Vgl. Sieber, P. (2010), S. 210.
[420] Vgl. Porter, M. E.; Kramer, M. R. (2007), S. 16.
[421] Vgl. imug Institut für Markt-Umwelt-Gesellschaft e. V. (2008), S. 9.
[422] Vgl. Grünewald, M. (2004), S. 49.

ment zwar sage, er handle sozial, in der Realität hingegen seine eigenen Interessen umsetze (z. B. Preisorientierung).[423]

Das Trendbüro für wirtschaftlichen Wandel hat im Auftrag der OTTO Group eine Trendstudie 2009 über „Die Zukunft des ethischen Konsums" herausgebracht. 1.000 Personen zwischen 16 und 74 Jahren wurden, neben Expertenbefragungen und Lead-User-Diskussionen auf Utopia.de befragt.[424] Ethischer Konsum wird hier definiert als ein nach ökologischen und sozialen Kriterien gestaltetes Konsumentenverhalten, u. a. durch den Kauf regionaler, biologischer und klimafreundlich hergestellter Produkte.[425]

Die Einstellung der Befragten zum ethischen Konsum stellt sich wie folgt dar:

	Interesse am Thema ethischer Konsum	kaufen gelegentlich oder häufig ethische Produkte	wollen zukünftig noch stärker ethisch konsumieren	überzeugen ihr soziales Umfeld davon ethisch zu konsumieren
	90%	67%	65%	40%

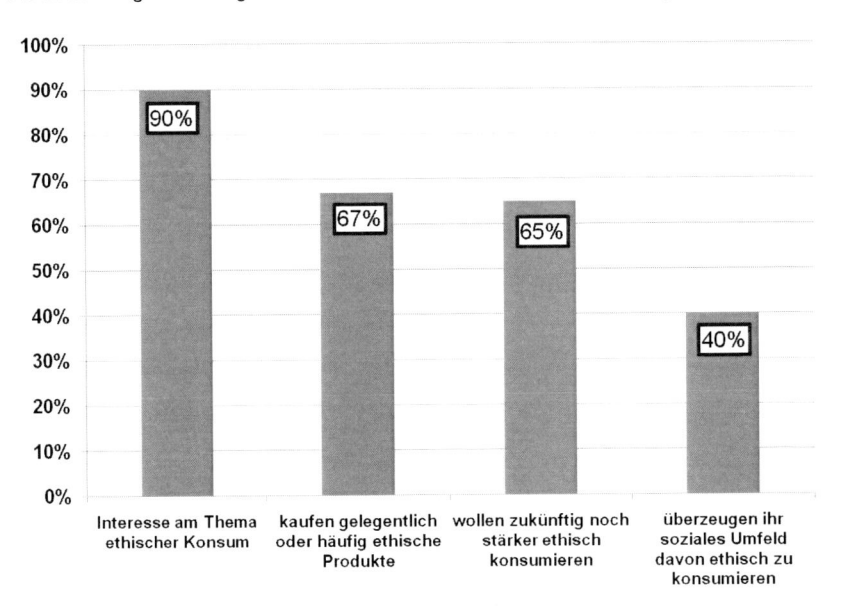

Abbildung XIII: Einstellung der Konsumenten zum ethischen Konsum (in % der Befragten)[426]

26 % der Befragten kaufen häufig ethische Produkte, 41 % selten. Niedriger Gebildete kaufen hingegen seltener ethische Produkte (56 %) als höher Gebildete (77 %). Das Bewusstsein der Deutschen für die Notwendigkeit ethischen Handelns sei vorhanden, jedoch fehle es an der Umsetzung in die Tat. Grundsätzlich gelinge der Weg sein eige-

---

[423] Vgl. Vogel, D. (2005), S. 48; TRENDBÜRO (2009), S. 56.
[424] Vgl. TRENDBÜRO (2009), S. 27.
[425] Vgl. ebd., S. 24.
[426] Selbsterstellte Abb., in Anlehnung an: TRENDBÜRO (2009), S. 9.

nes Verhalten zu ändern den Wenigsten. Insbesondere schwierig sei es bei den älteren Generationen.[427]

Am Beispiel des klimafreundlichen Konsums soll die Problematik verdeutlicht werden:[428]

- 90 % der Deutschen sind der Meinung, man solle beim Klimaschutz bei sich selbst anfangen.
- 86 % sehen die Unternehmen als Akteure des Klimaschutzes. Damit wird von Unternehmen mehr erwartet als von der Politik (86 %).
- 80 % erkennen, dass klimafreundliche Produkte am Markt fehlen.
- 95 % sehen umweltfreundliche Produkte als teurer an. Lediglich 4,2 % sind bereit den teureren Preis zu tragen.
- Der Konsument verbindet aufgrund der erwarteten höheren Preise „Verzicht" mit umweltschonenden Produkten.

Es wird deutlich, dass das Bewusstsein der Verbraucher sich ändern muss. Am Beispiel der klimafreundlichen Produkte gehen Verbraucher nicht nur von höheren Preisen aus, sondern auch von weniger Produktqualität (u. a. braunes Umweltpapier, recyceltes Toilettenpapier) und sogar Lebensqualität (z. B. durch weniger Fliegen, Heizen und Wasser sparen).

3.3.2 TOP-Manager als Treiber der Corporate Social Responsibility

3.3.2.1 TOP-Manager der heutigen Zeit

Das Geschäftsleben der heutigen Zeit ist turbulent, dynamisch, komplex und einem permanenten Wandel ausgesetzt. Umso schwieriger gestaltet es sich für einen Manager eine Strategie zu finden, die zum einen wirtschaftlichen Erfolg des Unternehmens und zum anderen die Interessen der wichtigsten Stakeholder erfüllt.[429] Dennoch liegt es in der Macht des Managers sich für oder gegen verantwortliches Engagement zu entscheiden. Es obliegt ihnen soziale Werte in den Entscheidungsprozess zu integrieren.[430]

Gesellschaftliche Forderungen, z. B. nach Nachhaltigkeit und Umweltschutz, wurden immer als Forderung von außen an die Unternehmen herangetragen. Heute ist CSR

---

[427] Vgl. TRENDBÜRO (2009), S. 56ff.
[428] Vgl. Lüth, A.; von Winning, A. (2009), S. 10.
[429] Vgl. Blanchard, K.; O'Connor, M. (1998), S. 28.
[430] Vgl. Swanson, D. L. (2008), S. 245.

ein Management-Ansatz. Damit ist CSR weiterführend ein strategischer Ansatz und keine Durchführung von Einzelprojekten. Dies ist ein bedeutender Unterschied im Umgang mit CSR. Während Einzelprojekte lediglich aneinandergereiht Kostenverursacher seien, statt Mehrwert für die Gesellschaft und das Unternehmen zu schaffen[431], wird in strategischer Sicht soziales Engagement wie jeder andere Kerngeschäftsbereich analysiert.[432] PORTER hebt hervor, dass nur so das wirkliche Potenzial von CSR erkannt und ausgenutzt werden könne. Daraus resultiere die Hervorbringung von Innovationen und Wettbewerbsvorteilen.[433]

Dies ist in der heutigen Zeit so wichtig als Erkenntnis des Managements zu gelten, da die negativen Auswirkungen wirtschaftlichen Handelns auf die Umwelt, die Gesellschaft und dem Einzelnen dramatische Auswirkungen angenommen haben. Es wird dem Management schier unmöglich externe Effekte nicht in ihre Planung mit einzubeziehen.[434]

Unter externen Effekten versteht man in diesem Zusammenhang die Auswirkungen durch wirtschaftliche Aktivitäten der Unternehmen, die die wirtschaftliche Situation der Individuen, die nicht direkt mit der Aktivität in Verbindung stehen, negativ beeinflussen (externe Kosten).[435] D. h. die externen Kosten trägt nicht der Verursacher, sondern Dritte.[436] Ein Beispiel hierfür ist die Fällung kranker Bäume aufgrund von schadstoffbelastetem Boden.[437]

TOP-Manger der heutigen Zeit haben erkannt, dass es notwendig ist verantwortlich zu handeln und das idealerweise proaktiv. So ist es Kraft Foods bereits im Jahr 2005 gelungen, die Arterien verstopfenden Transfette zu reduzieren. Es folgten nicht nur Wettbewerber, sondern auch Fast-Food-Ketten dieser Innovation um einen Beitrag für das gesellschaftliche Wohlergehen zu leisten. Gleiches gilt für UPS mit der Entwicklung eines Stempels statt der Nutzung von Papieretiketten mit relevanten Informationen für den Empfänger. Damit schaffte das Unternehmen eine Einsparung von 1.338 Tonnen Papier pro Jahr.[438]

---

[431] Vgl. Habisch, A. (2006), S. 36; Meyer, C.; Kirby, J. (2010), S. 56.
[432] Vgl. Friesel, C. (2008), S. 67.
[433] Vgl. Porter, M. E.; Kramer, M. R. (2007), S. 16.
[434] Vgl. Meyer, C.; Kirby, J. (2010), S. 54f.
[435] Vgl. Cezanne, W. (2005), S. 220.
[436] Vgl. Altmann, J. (2003), S. 30.
[437] Vgl. Troja, M. (1998), S. 29.
[438] Vgl. Meyer, C.; Kirby, J. (2010), S. 54f.

In diesem Jahrhundert sind nicht nur die externen Effekte gestiegen, sondern mit ihnen die fortgeschrittene Möglichkeit diese messbar zu machen. Somit wird der Öffentlichkeit deutlich gemacht, wie viel Schwefeldioxidausstoß beispielsweise das Stahlwerk im nahegelegenem Industriegebiet jährlich produziert. Mit diesen Beweisen bewaffnet, setzt der Verbraucher den Unternehmen die Waffe an die Brust. Er will nicht nur Antworten oder Lösungen, sondern Taten und sogar Entschädigung.

3.3.2.2 Internalisierung externer Effekte durch das Management

Die Internalisierung externer Effekte wird immer bedeutender für Manager. Es stellt sich heute nicht mehr die Frage danach, inwieweit ein Unternehmen seine externen Kosten zu tragen hat, sondern das diese in jedem Falle zu tragen sind. Handelt es sich um ein dem Unternehmen direkt zurechenbares Problem, welches messbar ist (z. B. hohe Emissionswerte), so hat das Unternehmen die Verantwortung für sein Handeln zu tragen. Das Management hat die aus der Geschäftstätigkeit des Unternehmens entstandenen externen Effekte in sein Handeln mit einzubeziehen. Dies liegt nicht nur in seiner Pflicht, weil das Unternehmen dafür verantwortlich ist, sondern weil das Management die Möglichkeit hat, etwas zu ändern und somit zum Treiber von CSR werden kann bzw. muss. Folge einer unterbliebenen Handlung kann die Schädigung der Marke, aber auch des Images des Unternehmens sein (Ring 1).[439] Die Coca-Cola HBC Switzerland, ein konzessionierter Abfüller von Coca Cola, hat seit 2008 bereits 120 Tonnen CO2 eingespart, in dem ein Rauchgas-Neutralisationssystem die Abgase der Warmwasseraufbereitungsanlage neutralisiert.[440]

Nachfolgendes Diagramm dient als mögliche Orientierung für Manager, für welche Probleme konkret Verantwortung übernommen werden soll und wann es darüber hinaus handeln oder zumindest Interesse zeigen sollte.

---

[439] Vgl. Meyer, C.; Kirby, J. (2010), S. 60f.

[440] Vgl. www.coca-colahellenic.ch/Towardssustainabilit/Environment/Energy-and-Climate/#waste-water, Abruf am 27.02.2011.

Abbildung XIV: Ringe der Verantwortung[441]

Sind die externen Effekte nicht messbar, die zu tragende Verantwortung durch das Unternehmen hingegen sowohl der Öffentlichkeit als auch dem Management bewusst, sollte das Management handeln. Als Treiber mit der entsprechenden Lösungskompetenz, kann das Unternehmen als Teil der Problemlösung wahrgenommen werden und sein Image verbessern (Ring 2).[442] Ein Beispiel hierfür liefert Walmart mit seinen bereits in den 90ern entstandenen nachhaltigen Shopping-Konzepten, die nicht nur weniger Energie verbrauchen, sondern Image und Produktivität verbessert haben. Dadurch hat Walmart als Treiber des nachhaltigen Konzepts auf internationalem Boden, gleichermaßen andere Shopping-Center auf den richtigen Weg aufmerksam gemacht.[443]

Interesse zeigen sollte ein Unternehmen, wenn die Probleme zwar weit weg erscheinen, ein eventueller Zusammenhang jedoch bestehen könnte. Es werden Verbesserungen angestrebt, die nicht der Lösungskompetenz des Unternehmens unterliegen, sondern über andere Organisationen gesteuert werden. Das Management kann Interesse zeigen an weit entfernten Problemfeldern der Gesellschaft und dabei sein Image stärken (Ring 3). Interesse zeigen u. a. Hewlett-Packard, ROLEX AWARDS, Google und die Shell Foundation, die als strategischer Partner fungieren und durch ihre Unterstützung von ENFIROFIT[444] die Entwicklung umweltfreundlicher Kochmöglichkeiten in

---

[441] Selbsterstellte Abb., in: Anlehnung an: Meyer, C.; Kirby, J. (2010), S. 61.

[442] Vgl. Meyer, C.; Kirby, J. (2010), S. 61.

[443] Vgl. Bienert, S. (2010), S. 12.

[444] Vgl. www.envirofit.org/our-partners.html, Abruf am 27.02.2011.

den Entwicklungsländern fördern. Kochöfen, die fossile Brennstoffe benötigen, töten über 2 Millionen Menschen jährlich, darunter 56 % Kinder unter 5 Jahren, aufgrund des Ausstoßes giftiger Emissionen beim Kochvorgang.[445]

Aus der managementstrategischen Sicht macht der CSR-Business Case demnach Sinn und verstößt nicht gegen den Gedanken der Gewinnmaximierung. Des Weiteren wird deutlich, dass Unternehmen sich nicht nur aus moralischen Gründen verantwortlich zeigen, sondern aus Pflicht (Ring 1). Gleichzeitig spielen der positive Reputationsaufbau und die nachhaltige Profilierung zum Wettbewerb eine wichtige Rolle (Ring 2). Darüber hinaus haben Unternehmen die Chance, neben dem Reputationsaufbau, ihr Risiko hinsichtlich NGOs und NGO-Skandalen zu reduzieren (u. a. Ring 3). Demnach lohnt sich die Investition in CSR-Maßnahmen für das Management und sollte weiter angetrieben werden.[446]

3.4 Corporate Social Responsibility-Kommunikation

3.4.1 Zweck der CSR-Kommunikation

Die CSR-Kommunikation dient dem grundsätzlichen Aspekt der CSR, in den Dialog mit den Stakeholdern zu treten und diese einzubinden. Dabei wird gleichermaßen der Anspruch nach Transparenzschaffung und Rechenschaftspflicht erfüllt. Die CSR-Kommunikation sollte die im Kapitel 3.1 genannten Prinzipien der CSR in sich vereinen.[447]

Die CSR-Kommunikation spielt eine wichtige Rolle für eine glaubwürdige Umsetzung, die folgende Vorteile für die Unternehmen bieten kann:

- Die unternehmerische Verantwortung und die Rechenschaftspflicht werden nicht nur transparenter, sondern können proaktiv wahrgenommen werden.

- Transparenz im Sinne der CSR-Aktivitäten veranschaulicht die tatsächliche Einhaltung und kann so Vertrauen aufbauen.

- Innerhalb des Unternehmens kann ein Bewusstsein für gesellschaftlich verantwortliches Handeln aufgebaut und die Motivation des Mitarbeiter-Engagements gefördert werden.

---

[445] Vgl. www.envirofit.org/global-challenge.html, Abruf am 27.02.2011.
[446] Vgl. Curbach, J. (2008), S. 166ff.
[447] Vgl. Kleinfeld, A.; Schnurr, J. (2010), S. 342.

- Durch die Bereitstellung von Informationen zu Produkten und Leistungen des Unternehmens sowie zu unternehmerischen Transaktionen, kann das Bedürfnis der Verbraucher nach Informiertheit befriedigt werden.
- Vergleichbare Unternehmen im Wettbewerbsumfeld können simpler gebenchmarked und darüber hinaus zu einer besseren CSR-Performance angetrieben werden.
- Stakeholder-Dialoge sollten nicht nur geführt, sondern etabliert werden. Eine partnerschaftliche Beziehung zur Umsetzung gesellschaftlicher Verantwortung wäre das Resultat.

Zusammenfassend kann CSR eine Vertrauensbasis zwischen den Unternehmen und seinen Stakeholdern schaffen. Umso wichtiger ist es, CSR nicht nur zu kommunizieren, sondern zu leben. Ohne eine glaubwürdige CSR-Mentalität kann keine Vertrauensbasis geschaffen werden. Dies gilt sowohl für die interne Kommunikation und der damit verbundenen Internalisierung auf allen Hierarchieebenen, als auch für die externe Kommunikation gegenüber Lieferanten, Kunden, Dienstleistern und anderen Vertragspartnern.[448]

3.4.2 CSR-Kommunikation innerhalb der Unternehmensstrategie

Methoden der CSR-Kommunikation können erfolgreich sein, wenn es gelingt die soziale und ökologische Verantwortung in die Unternehmensstrategie zu verankern. Auf allen Ebenen des Unternehmens muss diese Verantwortung als selbstverständlich internalisiert sein.[449] ULRICH stellt in seinem Ansatz (Kapitel 2.3) die Forderung nach innovativen Geschäftsstrategien, nach einer dialogischen Unternehmenspolitik mit den Stakeholdern und nach einer ordnungspolitischen Mitverantwortung der Unternehmen.[450] Diese Elemente finden sich erneut in seinem Modell zur Implementierung der CSR-Kommunikation wieder:[451]

---

[448] Vgl. Kleinfeld, A.; Schnurr, J. (2010), S. 342f.
[449] Vgl. Braun, S. (2008), S. 12.
[450] Vgl. Pech, J. C. (2007), S. 124ff; Ulrich, P. (1994), S. 93ff.
[451] Vgl. Ulrich, P. (2008), S. 498.

Nr.	Baustein	
1.	Sinngebende unternehmerische Wertschöpfung	Mission Statement
2.	Bindende Geschäftsgrundsätze	Business Principles
3.	Gewährleistete Stakeholderrechte	Bill of Stakeholder Rights, Unternehmensverfassung
4.	Diskursive Infrastruktur	Orte des offenen unternehmensethischen Diskurses
5.	Ethische Kompetenzbildung	Ethiktraining und vorgelebte Verantwortungskultur
6.	Ethisch konsistente Führungssysteme	Anreiz-, Leistungsbeurteilungs-, Compliance- und Auditingsysteme

Tabelle I: Bausteine eines integrativen Ethikprogramms im Unternehmen[452]

Die genannten sechs Bausteine erläutert ULRICH wie folgt:

1. Der erste Schritt umfasst die Definition der unternehmerischen Wertschöpfungsaufgabe, an welche sich die Strategie des Unternehmens orientiert. Dabei handelt es sich im Rahmen der CSR-Implementierung konkret um die Definition menschlicher und gesellschaftlicher Bedürfnisse, nach denen das Unternehmen durch seine Aktivitäten am Markt strebt bzw. womit Gewinn erzielt werden soll.

2. Als Business Principles werden die schriftlich fixierten Geschäftsprinzipien bezeichnet. Die Unternehmen verpflichten sich diese innerhalb ihrer Geschäftstätigkeit unbedingt einzuhalten, d. h. ebenso wenn ein Verstoß sich weitaus gewinnbringender darstellt.[453] Hierbei wird die branchen- und ordnungspolitische Mitverantwortung mit einbezogen, die sich insbesondere auf Fairness im Wettbewerb und dem Interesse der Öffentlichkeit bezieht.

3. Die moralischen Rechte sämtlicher Stakeholder sind klar zu definieren und zu gewährleisten. Dadurch werden nicht nur die Persönlichkeitsrechte derer gestärkt,

---

[452] Selbsterstellte Tabelle, in Anlehnung an Ulrich, P. (2008), S. 498.
[453] Vgl. Thielemann, U.; Ulrich, P. (2009), S. 43.

sondern auch die Möglichkeit geboten am unternehmensethischen Diskurs zu partizipieren. Dieser sollte möglichst sanktions- und machtfrei sein.

4. Um den o. g. Diskurs zu ermöglichen, sind Diskussionsorte zu schaffen, wie z. B. Ethikkomitees oder freie Foren.

5. Ethiktraining befähigt Mitarbeiter auf allen Ebenen zu einer selbstständigen Reflexion von Ethik. Dies ist innerhalb einer gelebten Integrations- und Verantwortungskultur einzubetten und regelmäßiger Pflege zu unterziehen.[454]

6. Das ethisch konsistente Führungssystem ist kontinuierlich zu überprüfen und ggf. anzupassen bzw. zu ergänzen.

Die von ULRICH formulierten sechs Bausteine als Vorschlag zur Implementierung einer CSR-Konzeption, ist als auszugestaltender Lernprozess des einzelnen und somit spezifischen Unternehmens zu verstehen.[455]

3.4.3 Methoden der Corporate Social Responsibility-Kommunikation

Die eingesetzten CSR-Instrumente müssen mit der Unternehmensstrategie übereinstimmen. Dabei sollten die Unternehmen ihre Verantwortungsübernahme in ihre komplette Unternehmenskommunikation einbetten, mit dem Ziel diese in die Unternehmenskultur zu integrieren und zu einem festen Bestandteil werden zu lassen.[456]

Folgende Methoden stehen den Unternehmen in diesem Zusammenhang zur Verfügung:

- Nachhaltigkeitsberichterstattung

    Mithilfe des jährlichen oder vierteljährlichen Nachhaltigkeitsberichts, der inzwischen standardmäßig in den Großunternehmen erstellt wird, machen die Unternehmen ihr Bewusstsein für die Ernsthaftigkeit von Nachhaltigkeit deutlich. Die Nachhaltigkeitsberichterstattung wird zum einen von börsennotierten Unternehmen eingesetzt, um Investoren und Analysten auf die ökologische und soziale Ausrichtung des Unternehmens aufmerksam zu machen. Zum anderen werden Nachhaltigkeitsberichte bei KMU in Folge der Einführung von Umweltmanagementsystemen eingeführt.[457] Grundsätzlich sind die Berichte wahrheitsgemäß, klar und wesentlich zu formulieren, gleichzeitig stetig und vergleichbar im Hinblick auf vergangene Zeit-

---

[454] Vgl. Lehmann, U. (2005), S. 90
[455] Vgl. Ulrich, P. (2008), S. 498.
[456] Vgl. Kleinfeld, A.; Schnurr, J. (2010), S. 343.
[457] Vgl. Tropp, J. (2011), S. 490.

räume. Hinzu kommt, dass die Berichte der Öffentlichkeit zugänglich gemacht werden müssen.[458]

- Cause-related-Marketing (CrM)

CrM bietet eine Maßnahme CSR in die Marketingkommunikation zu integrieren. Dabei wird CrM verstanden als Marketinginstrument und als ein Teil der Marketingstrategie, um einen bestimmten Zweck finanziell zu unterstützen, gleichermaßen aber das eigene geschäftliche Interesse zu berücksichtigen.[459] American Express liefert bereits im Jahr 1983 ein Beispiel hierfür, in dem das Unternehmen die Restauration der Freiheitsstatue unterstützt. Mit jeder Nutzung der Karte wurden 0,01 USD und mit jedem Neukunden 1,00 USD für das Projekt gespendet. Die Nutzung der Karte steigerte sich auf Grund dieser Aktion um 28 %.[460]

Innerhalb des CrM unterscheidet man folgende Bereiche:

  o Transaction Based Promotion

Transaction Based Promotion ist die am häufigsten durchgeführte CrM-Maßnahme. Dabei wird durch den realisierten Kauf des Konsumenten ein Teil der Einnahme durch das Unternehmen gespendet. Sach- oder Geldmittel werden z. B. für einen guten Zweck an Non-Profit-Organisationen weitergegeben.[461]

Beispiel: Für den Kauf einer Packung Pampers mit entsprechender Kennzeichnung spendet Pampers 0,053 EUR an UNICEF. Das Geld wird eingesetzt um schwangere oder im gebärfähigen Alter befindliche Frauen in Entwicklungsländern gegen Tetanus zu impfen.[462]

  o Joint Issue Promotions

Der Konsument wird im Rahmen der Joint Issue Promotion durch ein Unternehmen auf ein bestimmtes Problem aufmerksam gemacht. Die Aufmerksamkeit kann über das Produkt selbst, Werbemaßnahmen oder verkaufsfördernde Mittel geweckt werden.

---

[458] Vgl. BMU (2009), S. 5.
[459] Vgl. Fabisch, N. (2004), S. 91.
[460] Vgl. Fries, A. J.; Müller, S. S. (2011), S. 179.
[461] Vgl. ebd., S. 180.
[462] Vgl. www.pampers.de/de_DE/Unicef;jsessionid=AC61C30016ED0FF2E5EA3DE67F6B4710.el45, Abruf am 28.02.2011.

Beispiel: Campina wirbt in Kooperation mit dem Non-Profit-Unternehmen Deutsches Kinderhilfswerk für die Rechte der Kinder auf dem Produkt Tuffi.[463]

- o Licensing

Während das Unternehmen das Logo und den Namen der Non-Profit-Organisation in seine Kommunikation einbetten darf, erhält die Organisation eine Lizenzgebühr oder sogar einen Teil des Umsatzes.[464]

Beispiel: Dr. Oetker unterstützt SOS Kinderdorf Deutschland e.V. mit 2 Mio. € für den Bau und die Unterhaltung zweier Familienhäuser im SOS-Kinderdorf Harksheide.[465]

- Interne und externe Stakeholderdialoge

Nach der Identifikation relevanter Stakeholder, hat das Unternehmen u. a. folgende Möglichkeiten des Stakeholderdialogs:

- o Gemeinsamer Austausch hinsichtlich gesellschaftlicher Herausforderungen
- o Einbindung der Stakeholder in Entscheidungsprozesse bezüglich der Politik und der Strategie des Unternehmens
- o Beteiligung an Ausschüssen und Komitees
- o Zusammenarbeit in Projekten, Initiativen und Kampagnen

- Community Relations

Mit Community Relations soll der Dialog mit dem Standort aufgebaut und gepflegt werden, um daraus ein vertrauenswürdiges Verhältnis aufzubauen.[466] Es wird gezielt der Dialog mit den Anwohnern und dem nachbarschaftlichen Umfeld gesucht.[467] Möglichkeiten dafür sind u. a. die Veranstaltung eines Tags der offenen Tür, Betriebsbesichtigungen und Veranstaltungen für politische Entscheidungsträger und für Interessenvertreter.[468]

- Homepage des Unternehmens

---

[463] Vgl. Fries, A. J.; Müller, S. S. (2011), S. 180.

[464] Vgl. ebd., S. 180.

[465] Vgl. www.oetker.de/oetker/file/debi-7c6bhv.de.0/Presseinfo_Schluesseluebergabe_SOS_Kinderdorf.pdf, Abruf am 28.02.2011.

[466] Vgl. Glombitza, A. (2005), S. 132.

[467] Vgl. Fröhlich, R.; Peters, S. B.; Simmelbauer, E.-M. (2005), S. 11; Fetting, M. (2009), S. 57.

[468] Vgl. Kreyher, V. J. (2001), S. 434.

Die Website als Informationsmedium rund um das Thema CSR, aber auch als Information über den Fortschritt einzelner Projekte oder den realisierten Erfolg.[469]

3.4.4 Glaubwürdigkeit der CSR-Kommunikation

Inwieweit die innerbetriebliche Realität im Tagesgeschäft des Unternehmens mit der Unternehmenskommunikation übereinstimmt, gilt es zu überprüfen.[470] Aus Worten müssen Taten folgen, sonst droht dem Unternehmen ein massiver Verlust des Images.[471] Handelt ein Unternehmen nach Kriterien sozialer Verantwortung, so wird der Vorwurf laut, dass das Unternehmen die Moral benutze um Profit zu machen und daraus resultierend seine soziale Verantwortung nicht Ernst zu nehmen sei.[472] Dem zu entgegen ist, dass die ökonomische Moral ein nachgeordnetes Handlungsprinzip ist, welches von Gewinnzwängen und Effizienznöten beeinflusst wird.[473]

CSR-Kommunikation muss glaubwürdig sein, um die Qualität der Vertrauenserzeugung zu erreichen. Dabei spielen folgende Faktoren eine wesentliche Rolle:

- Die Meinung von Experten:
    - Nichtkommerzielle Akteure, die in erster Linie nicht gewinnorientiert arbeiten, spielen eine wichtige Rolle für die Erzeugung von Vertrauen bei den Konsumenten. Dazu zählen staatliche und zivilgesellschaftliche Organisationen, die sich in ihrer Kommunikation an den Interessen der Konsumenten orientieren (z. B. Stiftung Warentest).[474]
    - Kommerzielle Akteure leisten ebenfalls einen großen Beitrag zur Vertrauensbildung des Konsumenten als Bürger. Politische und journalistische Beiträge machen aufmerksam auf Korruption, Menschrechtsverletzungen oder den Verstoß gegen soziale Standards. Die Medien bieten Informationen zu speziellen Themen innerhalb der CSR, allgemein zum Engagement einzelner Unternehmen oder zu Vergleichen von Unternehmen hinsichtlich ihrer CSR-Performance[475] (z. B. das „Good Company Ranking" des manager magazins[476]). Meinungsplatt-

---

[469] Vgl. Kleinfeld, A.; Schnurr, J. (2010), S. 344.
[470] Vgl. www.rare-eu.net/index.php?id=6, Abruf am 01.03.2011.
[471] Vgl. Kleinfeld, A.; Schnurr, J. (2010), S. 343.
[472] Vgl. Schmeisser, W.; Rönsch, M.; Zilch, I. (2009), S. 113.
[473] Vgl. Heidbrink, L. (2008), S. 5.
[474] Vgl. Schoeneborn, S. (2009), S. 173.
[475] Vgl. ebd., S. 167.
[476] Vgl. Kröher, M. O. R. (2009), S. 94f.

formen, wie CSR-Blogs im Internet[477], verhelfen dem Verbraucher sich Informationen selbst zu verschaffen bzw. solche an Interessenten weiterzugeben (z. B. über das Arbeitsklima oder die Behandlung von Mitarbeitern im Unternehmen).[478]

- Vertrauenswürdigkeit

  Die tatsächlich wahrgenommene Absicht des Kommunikators durch den Konsumenten entscheidet, ob die Quelle als vertrauenswürdig gilt oder nicht.[479]

Sowohl den kommerziellen als auch den nichtkommerziellen Akteuren ist ein direkter Zugang zu Informationen des Unternehmens nicht gewährt. Somit bleibt das Unternehmen selbst Experte über die eigene CSR-Performance. Dennoch wird den o. g. Akteuren, in erster Linie den nicht-kommerziellen Akteuren, eine besondere Rolle zugewiesen, da sie vom Verbraucher als vertrauenswürdig angesehen werden. Ihr Interesse liege im Allgemeinwohl und im Schutze des Verbrauchers und nicht in der Absatzsteigerung oder Imageverbesserung.[480]

Es wird deutlich, dass die Glaubwürdigkeit sozial verantwortlicher Unternehmen stark abhängig ist von der Meinung Dritter, d. h. von Akteuren, deren oberstes Ziel es nicht ist Gewinn zu maximieren, sondern den Verbraucher zu schützen bzw. mit Informationen zu versorgen. Schafft es ein Unternehmen über diesen Weg, so kann daraus Vertrauen des Konsumenten erwachsen und nachhaltig der Konsum gesteigert werden.

3.5 Kritische Würdigung der Corporate Social Responsibility

Gesellschaftlich verantwortliches Handeln von Unternehmen nimmt eine zunehmende Bedeutung an. Dies wird deutlich in den zahlreichen Diskussionen und Publikationen weltweit. Ob WBCSD, Business for Social Repsonsibility (BSR)[481] oder auf politischer Ebene die Kommission der europäischen Gemeinschaft (KOM) sowie zahlreichen Studien und Publikationen (z. B. von McKinsey & Company, Kienbaum) beschäftigen sich mit der Notwendigkeit des Wandels in unserer Gesellschaft. Gefragt sind Politiker, die Unternehmen sowie Umwelt- und Verbraucherschützer als auch die Medien, dem Ver-

---

[477] Vgl. http://csr-muenchen.blog.de/, Abruf am 29.05.2011.
[478] Vgl. Schoeneborn, S. (2009), S. 167.
[479] Vgl. Haley, E. (1996), S. 29; Kroeber-Riel, W.; Weinberg, P. (2003), S. 504.
[480] Vgl. Schoeneborn, S. (2009), S. 175.
[481] Vgl. Smith, N. C. (2008), S. 282.

braucher Hilfestellung zu leisten, sein derzeitiges Konsumverhalten ändern zu können.[482]

Dennoch wird dies vom Endverbraucher nicht ausreichend oder gar nicht wahrgenommen. Welcher Verbraucher nimmt sich tatsächlich die Zeit, sich mit den Unternehmen, dessen Produkte er täglich in seinen Warenkorb legt, privat zu beschäftigen. Wie viele Nachhaltigkeitsberichte müsste er sich beispielsweise im Bereich der FMCG zunächst beschaffen, dann lesen um nachfolgend für sich zu entscheiden, ob dieses Unternehmen tatsächlich seinen Ansprüchen nachkommt. Die Angaben über die Einhaltung von Sozialstandards, Schonung von Ressourcen oder umweltgerechte Entsorgung sind schlichtweg Mangelware.[483]

Dennoch ist die Macht des Konsumenten enorm. Das zeigt sich insbesondere in seiner Entscheidungsmacht. Der Verbraucher fragt jedes Produkt selbst nach. Demnach hat er die Wahl sich für Qualität, Umweltfreundlichkeit und fairen Handel zu entscheiden oder nicht.[484] Schlussendlich könne nachhaltiger Konsum nachhaltige Produktion stimulieren.[485] Doch solange der Verbraucher nicht bereit ist für z. B. klimafreundlichere Produkte mehr zu zahlen, weil er deshalb auf etwas verzichten muss, stehen die Chancen für eine Änderung der gesellschaftlichen Werte nicht in greifbarer Nähe.

Nicht zu vergessen sei an dieser Stelle, ohne gute Produktqualität sind CSR-Aktivitäten nicht nutzenstiftend für den Verbraucher.[486] So bestätigt eine empirische Prüfung, dass im Wettbewerb stehende Unternehmen, die sozial ökologisch besser abschneiden, nicht gleichzeitig bessere Produkte auf den Markt bringen.[487]

Grundsätzlich gilt, dass die Informationen und die Bildung der Verbraucher intensiv ausgebaut werden muss, um die Voraussetzung zu schaffen die Unternehmenspolitik mit ihren Kaufentscheidungen beeinflussen zu können.[488] Der Verbraucher, der derzeit mehrheitlich nicht bereit ist mehr zu zahlen, ist auf den Nutzen aufmerksam zu machen.[489] Auf den eigenen Nutzen, auf den Nutzen für Folgegenerationen und auf die mit seinem Nicht-Handeln verbundenen Folgen.

---

[482] Vgl. TRENDBÜRO (2009), S. 12.
[483] Vgl. Schmeisser, W.; Rönsch, M.; Zilch, I. (2009), S. 138.
[484] Vgl. Bundesregierung (2002), S. 205f.
[485] Vgl. Deutscher Bundestag (2008), S. 141.
[486] Vgl. Sieber, P. (2010), S. 201.
[487] Vgl. Imkamp, H.; Beck, A. (2008), S. 60ff.
[488] Vgl. Ulrich, P. (2005), S. 114.
[489] Vgl. Lüth, A.; von Winning, A. (2009), S. 10.

4 Kritische Evaluierung der Marketingethik am Beispiel eines ausgewählten Unternehmens

4.1 Ethik im Marketing am Beispiel Benetton

4.1.1 Vorstellung des Unternehmens Benetton

Die BENETTONs stammten aus einer Bauernfamilie.[490] Sie waren arm, jedoch nicht im Sinne der „schmutzigen" Armut der Landbevölkerung.[491] Einst hatte LUCIANO BENETTON, der älteste Bruder und nach dem Tod seines Vaters das Familienoberhaupt, die Idee einen selbst gestrickten Pullover seiner Schwester zu verkaufen. Diese Idee reifte soweit aus, dass LUCIANO BENETTON damit seine Familie mit dem Nötigsten zu versorgen vermochte.[492]

Im Jahre 1965 gründete LUCIANO BENETTON, gemeinsam mit seiner Schwester GUILANA und seinen Brüdern GILBERTO und CARLO, eine Fabrik in Ponzano (Italien).[493] Deren Vision war es die Menschen, zunächst in Italien und später auf der ganzen Welt, aufgrund der Monotonie des Alltags mit bunten Strickwaren zu versorgen.[494]

In den ersten drei Jahren wurden die Produkte ausschließlich an italienische Geschäfte verkauft. Im Jahre 1968 eröffnete der erste eigene exklusive Benetton Store in Belluno. In den 70er Jahren wurde erstmalig ein Shop außerhalb Italiens, in Paris, eröffnet. 1974 wurde das Produktportfolio um die exklusive Marke Sisley erweitert. Bereits im Jahr 1986 hatte das Unternehmen seine Expansion in ca. 60 Ländern mit nahezu 3.200 Stores vorangetrieben. In den 90er Jahren wurde das Portfolio erneut erweitert um die Marke Playlife, eine im amerikanischen College-Style geartete Modelinie. Mit ihrer qualitativ hochwertigen und dennoch erschwinglichen Bekleidung, versuchte BENETTON sich ebenfalls in den emerging markets.[495] Die Benetton Group ist heute weltweit in 120 Ländern mit 6.300 Shops vertreten. Die Gruppe erzielte 2010 einen Umsatz von mehr als 2 Billionen EUR. Dabei ist der Umsatzanteil der UNITED COLORS OF BENETTON (UCB) mit 83 %, neben Sisley (16 %) und Playlife (2 %) am

---

[490] Vgl. Mantle, J. (2000), S. 14.

[491] Vgl. ebd., S. 15.

[492] Vgl. Lackner, G. (2008), S. 120.

[493] Vgl. investors.Benettongroup.com/phoenix.zhtml?c=114079&p=irol-business, Abruf am 28.03.2011.

[494] Vgl. Lackner, G. (2008), S. 118.

[495] Vgl. investors.Benettongroup.com/phoenix.zhtml?c=114079&p=irol-history, Abruf am 28.03.2011.

höchsten. Das Modeimperium hat seinen Hauptabsatzmarkt in Europa mit 79 %, davon fallen 48 % allein auf Italien.[496]

4.1.2 Beginn der neuen Werbe-Ära Benettons 1984

LUCIANO BENETTON erkannte zu Beginn der 80er Jahre, dass ein Mittel gefunden werden musste, im Wettbewerb gegen die damaligen großen amerikanischen Ketten wie Jordache und Esprit, deren Werbung bereits international ausgerichtet war, mithalten zu können. Hinzu kamen die fehlenden finanziellen Mittel um Werbemaßnahmen durch große Agenturen finanzieren zu können, da Benetton aufgrund der ungewöhnlichen Franchisegestaltung nicht im gleichen Maße Anteil an den Gewinnspannen hatte. Das führte zur Frage, wie man eine solche Werbewirkung oder eine noch größere zu einem minimalistischen Werbeetat erzielen konnte. LUCIANO BENETTON wendete sich unter diesem Aspekt und mit der Idee der Schaffung eines globalen Images an TOSCANI. Die beiden verband der Mut neue Wege zu gehen und die Abneigung zu den großen Werbeagenturen, deren erstes Ziel die Gewinnmaximierung ist. TOSCANI, ein Fotograph internationalen Formats (u. a. für die Elle, Harper's, Vogue[497]), widmete sich selbst der Aufgabe.[498]

Die Benetton-Werbung wurde von nun an von einem abstrakt weißen Hintergrund und graphischer Linearität anstelle einer künstlichen Szenographie abgelöst.[499] Das Motiv sollte in Szene gesetzt werden und die volle Aufmerksamkeit des Betrachters erlangen, im Sinne einer gehirngerechten Kommunikation.[500] TOSCANI sieht Bilder als bestimmend für das kollektive Gedächtnis. Die Realität reiche nicht aus.[501]

Den Grundstein auf dem Weg zu einem globalen Image legte die Kampagne unter dem Slogan: „All the colors of the world" – „ Alle Farben der Welt". Kinder und Jugendliche verschiedener Herkunft und unterschiedlicher ethnischer Gruppen, wurden lachend miteinander in allen Farben Benettons gezeigt.[502] UNITED COLORS OF BENETTON stellt die Verbindung zu all diesen Menschen dar, denn die Marke selbst steht für die

---

[496] Vgl. UNITED COLORS OF BENETTON (2011), S. 3ff; investors.Benettongroup.com/phoenix.zhtml?c=114079&p=irol-business, Abruf am 28.03.2011.

[497] Vgl. Mantle, J. (2000), S. 129.

[498] Vgl. ebd., S. 147ff.

[499] Vgl. Lackner, G. (2008), S. 187.

[500] Vgl. Friedrich, G.; Ditz, K. (1997), S. 143ff.

[501] Vgl. www.sueddeutsche.de/medien/fotograf-oliviero-toscani-die-farben-der-provokation-1.994697-6, Abruf am 29.03.2011.

[502] Vgl. Mantle, J. (2000), S. 149.

vereinten Farben.[503] Das Bild symbolisierte die Überwindung kultureller Barrieren auf der einen Seite. Auf der anderen Seite wurde die Weltoffenheit des Unternehmens propagiert. Die Kinder und Jugendlichen zeigten sich trotz ihrer kulturellen Unterschiede harmonisch und friedlich.[504] Die Werbung mit den dargestellten „normalen", d. h. Kindern ohne fotografischen Hintergrund, wurde in 14 Ländern in Zeitschriften und auf Plakaten verbreitet. Bereits diese Kampagne spaltete die Meinungen. Unter der Fülle von Leserbriefen, herrschte Zustimmung und Gefallen im krassen Gegensatz zu Hass. Ein Korrespondent aus England: „Ihr habt Rassen zusammengebracht, die Gott getrennt haben will!"[505] Dieses Zitat verdeutlicht, die Zustände Anfang der 80er im Bezug auf Rassismus, welches den Mut des Unternehmens hervorhebt. Zeitungen mit überwiegend weißer Leserschaft druckten die Bilder größtenteils nicht ab.[506]

Der Slogan „All the colors of the world" wurde später umbenannt in UNITED COLORS OF BENETTON und ist selbst zur Marke geworden. Auf dieser Basis folgten weitere Kampagnen mit Menschen unterschiedlichen Alters, Geschlechts, Hautfarbe, Herkunft und Kultur.[507] Das Unternehmen wurde unter dem UNITED COLORS-Konzept zur globalen Macht und stellte an sich die Forderung an Frieden, Toleranz und Respekt global zu appellieren.[508] Es folgten Darstellungen kultureller Unterschiede, durch die Fragen des Rassismus aufgeworfen wurden,[509] religiöse und politische Unterschiede u. a. zwischen Israelis und Palästinensern und religiöse Konflikte (Priester küsst Nonne) sowie moralische Konflikte wie Gut und Böse, dargestellt durch Engel und Teufel.[510]

4.1.3 Werbekampagnen der 90er Jahre unter TOSCANI

TOSCANI sieht sich selbst als Initiator zur Neuerfindung der Werbung.[511] Er hat es geschafft, dass die Benetton-Kampagnen als umstrittenste der Welt gelten. In den 90er Jahren schaffte er eine neue Welt der Benetton-Werbung. Charakterisiert durch den fehlenden Bezug zu den Produkten, stellte lediglich das grüne Firmenlogo „UNITED COLORS OF BENETTON" eine Verbindung zum Unternehmen her. Des Weiteren sind die eingesetzten Motive teilweise bereits in der Presse erschienen und nicht von TOS-

---

[503] Vgl. Lackner, G. (2008), S. 190.
[504] Vgl. Ganesan, S. (2002), S. 54.
[505] Mantle, J. (2000), S. 150.
[506] Vgl. Imbusch, P. (2007), S. 290.
[507] Vgl. press.benettongroup.com/ben_en/about/campaigns/history/, Abruf am 03.04.2011.
[508] Vgl. Mast, C.; Huck, S.; Güller, K. (2005), S. 290.
[509] Vgl. Wegenstein, B. (1998), S. 296.
[510] Vgl. Mast, C.; Huck, S.; Güller, K. (2005), S. 292.
[511] Vgl. Toscani, O. (1996), S. 124.

CANI selbst geschossen (z. B. die ölverschmierte Ente). Wesentlicher Unterschied der Werbung Benettons zur klassischen Werbung, ist die Abwendung von der suggerierten schönen, idealen und wünschenswerten Werbewelt, hin zur Darstellung der Schattenseiten unserer Realität auf einem journalistisch basierten Fundament.[512] Die eingesetzten Bilder zielen nicht auf eine Meinungsbeeinflussung ab, sondern verlangen vom Betrachter sich selbst damit auseinanderzusetzen und den Kontext zu erschließen. Die Bilder zeigen die Realität als unverblümte Wahrheit. Im Folgenden werden die Kampagnen zum blutverschmierten Neugeborenen, dem Thema Aids sowie die ölverschmierte Ente näher erläutert:

- Neugeborenes GIUSY

    Das Bild eines blutverschmierten Neugeborenen, wird in den Händen einer Hebamme der Kamera präsentiert.[513] Das nackte ungewaschene Baby ist noch durch die Nabelschnur mit seiner Mutter verbunden und schreit sich die Seele aus dem Hals. Damit beginnt TOSCANI die neue Ära der tabubrechenden Werbung.[514] Die Herbst / Winter-Kampagne 1991-1992 zur Zeit des Golfkrieges, sollte mit der bloßen Darstellung der Entstehung neuen Lebens Hoffnung vermitteln. Der Großteil der europäischen Presse griff TOSCANI an und an einigen Orten wurde das Plakat (wie z. B. in der Mafia-Stadt Sizilien) verboten.[515] Mit welchem Grund kann ein Baby-Foto verboten werden? Wegen des Blutes, der runzeligen Haut oder des verkrampften Gesichtes? Ein Säugling, der für neues Leben steht, kann nicht gegen moralische Normen und Ethik widersprechen.[516]

- HIV positiv

    Eine Kampagne zum Thema HIV zeigt ein unbekleidetes Gesäß, mit der Aufschrift HIV POSITIV (Herbst / Winter-Kampagne 1993-1994). Das Motiv, welches TOSCANI selbst photographierte, entstand aus der Handlung eines amerikanischen Schülers. Der Junge war angewidert davon, dass nichts für die Aufklärung und gegen den Kampf zum Thema Aids unternommen wurde. Er lies sich „HIV positive" auf den Arm tätowieren und ging unbekleidet zur Schule. Die Schule hingegen bedeckte lediglich seine Aufschrift, nicht seine Blöße. TOSCANI ging mit LUCIANO

---

[512] Vgl. Heinemann, K. (1996), S. 323f.
[513] Vgl. Könches, B. (2001), S. 26.
[514] Vgl. Toscani, O. (1996), S. 52; Lackner, G. (2008), S. 210f.
[515] Vgl. Toscani, O. (1996), S. 52f.
[516] Vgl. Lackner, G. (2008), S. 211.

überein, dass BENETTON sich weiterhin einmische und dass das Unternehmen gegen die Ausgrenzung von Aidskranken kämpfe.[517]

Das Motiv wurde 2001 vom Bundesgerichtshof (BGH, Aktenzeichen 1 BvR 426/02) zunächst als ein Verstoß gegen die Menschenwürde und gegen die guten Sitten erklärt, da das Elend kranker Menschen zu Werbezwecken ausgenutzt werde. Darüber hinaus löse die Werbung Angst und Bedrohung aus, insbesondere bei den Betroffenen und deren Familien.[518] Das Bundesverfassungsgericht erklärt 2003 das Gegenteil, in dem es verdeutlicht, dass das Elend der HIV positiv erkrankten Menschen lediglich benannt und die Interpretation dem Betrachter überlassen wird.[519] Das Bild wurde in Italien ausnahmslos verboten.[520]

Aktivisten der Aids-Hilfen übernahmen in Japan und in den Niederlanden die Bilder für ihre Aufklärung. Act Up, eine internationale Hilfsorganisation für Aidskranke, klebte auf die Plakate in London die Telefonnummer ihres Bereitschaftsdienstes. Die englische Presse hingegen rief zum Boykott der Marke Benetton auf.

Eine weitere Werbung zum Thema Aids zeigte den strebenden infizierten DAVID KIRBY im Krankenbett umgeben von seiner Familie (Frühjahr / Sommer 1992). Die Antwort eines Aidskranken hierzu war eine Abbildung seines abgemagerten Gesichtes in der Presse als Protest gegen Benetton. Für den Sterbenden stand nicht das Engagement für die Kranken im Vordergrund, sondern dass der Verkauf der Pullover während des Todeskampfes weiterging.[521]

- Ölverschmierte Ente

  Eine Ente bzw. ein Wasservogel schwimmt auf einem Ölteppich. Der Vogel ist ölverschmiert und von einem Ölfilm eingeschlossen. Herausstechend sind die grellroten Augen des lebendigen Tieres, welches auf dem todbringenden Meer qualvoll zugrunde gehen wird.[522]

  Die Zentrale zur Bekämpfung unlauteren Wettbewerbs e.V. erklärte diese Kampagne ebenfalls für wettbewerbswidrig und forderte ein Verbot, den Stern betref-

---

[517] Vgl. Toscani, O. (1996), S. 77f.

[518] Vgl. Plaß, G. (2005a), S. 108; www.jur-abc.de/cms/index.php?id=449, Abruf am 29.03.2011.

[519] Vgl. Plaß, G. (2005a), S. 108; www.bverfg.de/entscheidungen/rs20030311_1bvr042602.html, Abruf am 29.03.2011.

[520] Vgl. www.sueddeutsche.de/leben/werbung-sex-und-skandal-die-hand-an-der-guertellinie-1.149958-9, Abruf am 29.03.2011.

[521] Vgl. Toscani, O. (1996), S. 18f.

[522] Vgl. Lackner, G. (2008), S. 125.

fend, diese veröffentlichen zu dürfen. Benetton würde Mitleid bei den Verbrauchern erzeugen wollen. Durch die leidvolle Darstellung des Tieres würde man gegen die guten Sitten verstoßen.[523] Das Unternehmen wolle lediglich kommerzielle Interessen verfolgen und aus der Darstellung von Elend den eigenen Umsatz steigern.[524] Der Bundesgerichtshof stimmte dem 1995 zu (1 BvR 1762/95; 1 BvR 1787/95). Im Jahr 2000 erklärte das Bundesverfassungsgericht, dass dieses Verbot gegen die Pressefreiheit verstoße und wies die Urteile ab.[525]

Die HIV-Positiv-Kampagne und die des ölverschmierten Vogels wurden nicht nur Bestandteil öffentlicher Diskussionen, sondern auch juristischer. Der Fall Benetton ist damit in die Geschichte des Medienrechtes eingegangen.[526]

TOSCANI war insgesamt 16 Jahre für Benetton tätig.[527] Mit ihm begann eine neu Ära der Werbekampagnen, als hätte Benetton nie zuvor Werbung gemacht. Plötzlich wusste die Welt, wer Benetton war.[528]

4.1.4 Besonderheiten der Werbekampagnen unter TOSCANI

"Communication should not be commissioned from outside the company, but conceived from within its heart."[529] Diese Philosophie LUCIANO BENETTONs prägen die Werbekampagnen seit mehr als 20 Jahren. Durch Werbung, die aus dem Herzen des Unternehmens kommt, wird dem Markenimage ein wertschaffender Charakter verliehen. Die Besonderheit der Werbung liegt zunächst in das Vordringen der Wertewelt des Menschen. Die Marke löst das Produkt aus der Wahrnehmung als Produktionsgut und als Ware heraus. Es entsteht ein Produkt, welches selbst als sozialer Gegenstand wahrgenommen werden kann. Dabei orientiert sich die Marke am Individuum und seinen Wertvorstellungen (z. B. Antirassismus) und nicht länger am Konsumenten.[530]

Mit TOSCANI schlug das Modeimperium 1991 (das Neugeborene GUISY) einen neuen Weg der Produktwerbung ein und löste eine breite Diskussion zum Thema Moral in der

---

[523] Vgl. www.bundesverfassungsgericht.de/entscheidungen/rs20001212_1bvr176295.html, Abruf am 01.04.2011; www.spiegel.de/spiegel/print/d-9202567.html, Abruf am 07.04.2011.

[524] Vgl. Lackner, G. (2008), S. 125.

[525] Vgl. Plaß, G. (2005b), S. 506; www.bundesverfassungsgericht.de/entscheidungen/rs20001212_1bvr176295.html, Abruf am 01.04.2011.

[526] Vgl. www.sueddeutsche.de/medien/fotograf-oliviero-toscani-die-farben-der-provokation-1.994697-4, Abruf am 29.03.2011.

[527] Vgl. Mantle, J. (2000), S. 345.

[528] Vgl. Lackner, G. (2008), S. 120.

[529] press.benettongroup.com/ben_en/about/campaigns/history/, Abruf 03.04.2011.

[530] Vgl. Mast, C.; Huck, S.; Güller, K. (2005), S. 290.

Werbung aus. Die Frage danach, wie weit dürfe Werbung überhaupt gehen, konfrontierte die gesamte Marktwirtschaft mit moralischen Anforderungen.[531]

Die Anzeigen und Plakate zu den Themen Krieg, Armut und Tod[532] gelten noch heute als Beispiel für tabubrechende Schockwerbung.[533] Das Besondere an der Benetton-Werbung war, dass das Unternehmen in seinen Bildern nie konkret Stellung bezogen hat. Die Bilder zeigten ein Abbild der Realität. Der Kontext hingegen musste vom Betrachter eruiert werden.[534] Dabei schlägt die emotionale Seite die Rationale, d. h. durch die Motive Benettons wird die rechte Hirnhälfte mehr beschäftigt.[535] Schafft es ein emotionales Bild die Logik des Menschen zu übertrumpfen, wird mehr Aufmerksamkeit erzeugt.[536] Wird der Konsument als Betrachter in den Informationsprozess direkt mit einbezogen und seine Meinung verlangt, so wird sich mit dem Thema auseinandergesetzt und die Information aufgenommen.[537] Die Benetton-Kampagnen lösten durch ihre Motive den Informationsprozess aus. Die Gesellschaft diskutierte und polarisierte sich. Es entstand ein Benetton-Diskurs auf freiwilliger Basis.[538] Mit der HIV Positive- Kampagne, wurde eine in der Form nie da gewesene Massenkontroverse ausgelöst, an der sich Zeitungen, Fernsehen, Hilfsorganisationen für Aidskranke, Intellektuelle und Politiker beteiligten. Eine derartig gewaltige Auslösung von Emotionen wurde nie zuvor ausgelöst.[539]

Der Grund für die besondere Aufmerksamkeitserregung liegt in der Konflikterzeugung in den Köpfen der Menschen.[540] Der Konflikt entsteht dadurch, dass man zunächst nicht weiß, findet man das Bild abstoßend oder anziehend.[541] Bilder, die eine kognitive Dissonanz erzeugen, lösen einen negativen Spannungszustand aus. Das Individuum versucht diese Spannung zu lösen, durch Veränderung des eigenen Verhaltens oder der Einstellung.[542] Es wird das Ziel der widerspruchsfreien Gedankenwelt verfolgt.[543]

---

[531] Vgl. Kros, M. (2003), S. 78.
[532] Vgl. Neujahr, G. (1992), S. 12ff.
[533] Vgl. Henning-Bodewig, F. (1992), S. 533ff; Sevecke, T. (1997), S. 41.
[534] Vgl. Friedrich, G.; Ditz, K. (1997), S. 60.
[535] Vgl. Friedrich, G.; Ditz, K. (1997), S. 42f.
[536] Vgl. Lackner, G. (2008), S. 108.
[537] Vgl. Friedrich, G.; Ditz, K. (1997), S. 74.
[538] Vgl. Lackner, G. (2008), S. 110.
[539] Vgl. Toscani, O. (1996), S. 78.
[540] Vgl. Friedrich, G.; Ditz, K. (1997), S. 111f.
[541] Vgl. Friedrich, G.; Ditz, K. (1997), S. 112.
[542] Vgl. Raab, G.; Unger, A.; Unger, F. (2010), S. 42.

Daraus ergibt sich ein Grund mehr, sich mit dem Thema auseinanderzusetzen und darüber zu diskutieren. Entscheidend ist, dass Menschen sich nur dann ändern, wenn sie emotional in Aufruhr versetzt werden.[544]

Benetton-Kunden kaufen die Mode, weil sie sich mit den Kampagnen und den Themenbereichen identifizieren. Neben der Qualität der Produkte, spielt demnach der Zusatznutzen durch den Identifikationsfaktor eine wichtige Rolle.[545] Ein Konsument ist durch ein bestimmtes Image oder Prestige motivierter dieses immer wieder zu erwerben.[546]

4.1.5 Ethik innerhalb der Marketingkampagnen

Tabus wie z. B. Aids, Krieg und Rassismus wurden in der Werbung Benettons thematisiert. Diese Tabus stellen ungeschriebene Regeln und Normen einer Gesellschaft oder einer Kultur dar, welche als gegeben verstanden werden. Daraus ergibt sich ein Verbot von bestimmten Verhaltensweisen, eine Folge der Ignoranz bestimmter Themen und damit ein Vermeiden von Gesprächen darüber.[547] Moral sei nach HOMANN nur in und durch die Wirtschaft zu legitimieren.[548] Benetton machte es sich zur Aufgabe moralische Themen zu visualisieren um Tabus zu brechen und Diskussionen auszulösen[549] und zeigte damit Engagement für die „Vergessenen der Gesellschaft"[550], wie z. B. den Aidskranken DAVID KIRBEY. Aids befand sich zum Zeitpunkt der Kampagne in einem tabuisierten Raum. Aufklärungsarbeit, die vom Staat hätte organsiert werden können, blieb aus. Benetton füllte diese Lücke mit umfangreichen Informationen.[551] Mit dieser Reality-Kampagne wurde die Gesellschaft erschüttert, was eine Voraussetzung für die Änderungsbereitschaft der Menschen darstellt. Fakt ist, dass es eine solche Akzeptanz von Aidskranken zuvor nicht in unserer Gesellschaft gab.[552] Die Politik, die Unternehmen und ihre Manager sowie jeder Arbeiter und Angestellte sollten sich mit den

---

[543] Vgl. Friedrich, G.; Ditz, K. (1997), S. 112.
[544] Vgl. Lackner, G. (2008), S. 111.
[545] Vgl. ebd., S. 115.
[546] Vgl. Mayer, H.; Illmann, T. (2000), S. 264.
[547] Vgl. Imbusch, P. (2007), S. 288.
[548] Vgl. Homann, K.; Pies, I. (1994), S. 11.
[549] Vgl. Imbusch, P. (2007), S. 288.
[550] Lackner, G. (2008), S. 6.
[551] Vgl. ebd., S. 107.
[552] Vgl. ebd., S. 111.

Themen, die uns alle betreffen, beschäftigen.[553] Benetton setzt seine Werbemittel für diesen Zweck ein.

Die Kampagnen vermitteln eine Wertevielfalt, die gleichermaßen mit der Farbvielfalt des Multikonzerns übereinstimmt. Allein das Logo „UNITED COLORS OF BENETTON" symbolisiert Vereinigung der multikulturellen Gesellschaft. Ein Logo, dass nicht nur als Garantiezeichen für Sinnhaftigkeit und Werte steht, sondern auch den politischen Charakter im Hinblick auf die Ähnlichkeit zu den „United Nations" verdeutlicht. Damit einhergehend stehen die Kampagnen für ein in der Unternehmensphilosophie integriertes Humanmanagement.[554] Benetton spricht mit seinen Themen nicht eine bestimmte Zielgruppe an, sondern wendet sich an die Gesellschaft. Mit den Themen wie Humanmanagement, Umwelt- und Tierschutz ist für jeden etwas dabei. Übertragend auf das Sortiment ist Mode für Schwangere, Babys und Kinder, Jugendliche und Erwachsene erhältlich. Die Bilder schaffen sogar einen universalen Einsatzcharakter. In unserer global vernetzten Welt, sind die Motive über Grenzen hinweg, unabhängig von der Kultur und der Sprache einsetzbar.[555] Es wirkt als wäre die Welt eins. Als würde es keine Unterschiede geben. PAGNUCCO-SALVEMINI geht soweit den Benetton-Produkten eine „Qualität von Missionaren" zuzusprechen.[556] So trägt Benetton als Modekonzern zur Überwindung der kulturellen Krise nach KARMASIN bei.

Das von ENDERLE beschriebene Recht auf Existenzsicherung, welches in der Würde des Menschen gründet und durch Armut fundamental verletzt wird,[557] hat Benetton in verschiedenen Kampagnen zum Ausdruck gebracht.[558]

Die Stärke Benettons geht aus der Beantwortung politischer Fragen der Menschen hervor. Das Unternehmen steht z. B. für Menschenrechte, Gleichberechtigung und Aufklärung und verkörpert damit ein zeitgemäßes Image. Im Gegensatz zur Konkurrenz, die sich weiterhin der Welt des Schönheitswahns widmet.[559] Einen wichtigen Vorsprung für Benetton im Wettbewerbskampf, in dem das Image zum entscheidenden Faktor werden kann. Zum einen wegen der Wiedererkennung des Markennamens, zum anderen wegen der mit dem Markennamen verbundenden Assoziationen.[560] Das

---

[553] Vgl. Karmasin, M.; Litschka, M. (2008), S. 9f.
[554] Vgl. Lackner, G. (2008), S. 6f.
[555] Vgl. Friedrich, G.; Ditz, K. (1997), S. 61.
[556] Pagnucco-Salvemini, L. (2002), S. 30.
[557] Vgl. Enderle, G. (1998), S. 149.
[558] Vgl. Pagnucco-Salvemini, L. (2002) S. 142f.
[559] Vgl. Lackner, G. (2008), S. 116.
[560] Vgl. Harvey, D. (1994), S. 53.

moralische Engagement durch die Kampagnentätigkeit wird demnach dann ökonomisch, wenn es durch das positive Markenimage indirekt zu einer Umsatzsteigerung führt.[561] Das Unternehmen hat eine Vereinbarkeit von Ökonomie und Moral geschaffen, gemäß dem Ziel der Marketingethik.[562] TOSCANI fordert von Unternehmen, sich ethisch verantwortlich zu zeigen, denn diese hätten die finanziellen Mittel dazu.[563]

4.1.6 Kritische Würdigung der Kampangen unter TOSCANI

„Wir rücken lediglich ein Problem in den Vordergrund von dem wir annehmen, dass darüber mehr informiert werden muss, worüber die Menschen noch mehr reden müssten."[564] Das Unternehmen betont immer wieder seine ethische Motivation verbunden mit deren gesellschaftlichen Verantwortungsbewusstsein, welches nichts mit dem umsatzorientierten Geschäftsinteresse zu tun habe.[565]

Will der Konzern sich tatsächlich sozial engagieren oder steht die Aufmerksamkeitserregung im Vordergrund? Wird das Humanmanagement genutzt um öffentlich zum Diskussionsthema zu werden? LUCIANO BENETTON sieht beispielsweise Spenden nicht als Unternehmensaufgabe an.[566] Für ein Unternehmen, das sich in solchen Maße für politische Themen engagiert, scheint dieses Verhalten eher zweifelhaft.

Kritiker der Kampagnen prangern an, dass die Schockwerbung Benettons und die damit verbundenen ausgelösten Emotionen, nichts mit der Leistung des Unternehmens zu tun haben. Dennoch versuche Benetton den Konsumenten zu animieren deren Produkte zu kaufen, um ihr schlechtes Gewissen gegenüber dem dargestellten Motiv zu bereinigen.[567] Die öffentliche Diskussion wurde in erster Linie über die Problematik politischer Themen innerhalb der Werbung geführt und nicht über die Missstände.[568]

TOSCANI sagt selbst, weder Aids noch der Krieg im damaligen Jugoslawien hätten was mit Pullovern zu tun, denn er mache keine Werbung für Pullover. Er wolle weder mit Werbung eine Traumwelt darstellen, noch mit plumpen Tricks die Kaufentscheidung beeinflussen. Das habe Benetton nicht nötig, denn sowohl er als auch die Öffentlichkeit weiß, dass Benetton für hohe Qualität stünde. Er als Künstler nutze die Wir-

---

[561] Vgl. Lackner, G. (2008), S. 118.
[562] Vgl. Meran, J. (1987), S. 35f.
[563] Vgl. Trosse, S. (2000), S. 174.
[564] Benetton, L.; Lee, A. (1994), S. 344.
[565] Vgl. Kros, M. (2003), S. 78.
[566] Vgl. Lackner, G. (2008), S. 8.
[567] Vgl. ebd., S. 126.
[568] Vgl. Kros, M. (2003), S. 78.

kungskraft der Werbung und er „kratze die öffentliche Meinung dort, wo es sie juckt."[569] Pullover haben nichts mit Soldatenfriedhöfen und Aidskranken zu tun. Ein Unternehmen, welches Alkohol verkauft, macht ebenso wenig auf die Alkoholabhängigen aufmerksam, die ihre Konsumentensouveränität aufgrund der Abhängigkeit verloren haben.

Jährlich werden Unsummen an Milliarden EUR in Marketinginvestitionen investiert. Immer wieder wird dem Konsumenten die schöne heile Welt gezeigt. Nicht selten mit dem typischen ewig gleichen Slogans. Der Zuschauer, der sich und seine Familie mit seiner Arbeit gerade mal das Nötigste leisten kann, fühlt dieser Mensch sich nicht gedemütigt, weil er nie so reich, so schön, so schlank, so gut duftend, so erfolgreich und so unwiderstehlich sein kann, wie der Mann oder die Frau in der Werbung? Verkauft Werbung wirklich Glück, wie es die Marketingagenturen suggerieren? Oder doch Angst, Frust und Wut?[570] Wo bleibt das Verantwortungsgefühl für die Gesellschaft? Warum engagieren sich beispielsweise Autokonzerne nicht in ihrer Werbung für die Aufklärung gegen Trunkenheit am Steuer oder Raserei?[571]

TOSCANI und LUCIANO BENETTON sind auf gewisse Weise skrupellos, weil sie etwas wagen müssen um eine neue Ära in der Werbung zu beginnen. Das Unglück und Leid wird eingesetzt um den Bekanntheitsgrad und den Umsatz zu steigern. Doch wird auch eine revolutionäre Art der Werbekunst entfacht, um auf soziale und politische Themen aufmerksam zu machen. Mit schockierenden Bildern wird provoziert und zum Diskurs gebeten.[572] Benetton nutzt sein Werbebudget um Verantwortung zu übernehmen. TOSCANI und LUCIANO BENETTON zeigen sich als einzelne Wirtschaftssubjekte, die soziale Verantwortung übernehmen. TOSCANI will mit seiner Kunst der Werbung als Vorbild agieren. Auf der Ebene des Unternehmens wird die Unternehmenskultur mit der Wertevielfalt der Kampagnen versucht zu leben. Die Philosophie LUCIANO BENETTONS Werbung aus dem Herzen des Unternehmens heraus entstehen zu lassen, wird seit mehr als 20 Jahren gelebt. Dabei wird die Rolle des Unternehmens in der Öffentlichkeit als sozial verantwortlicher Multikonzern propagiert, der auf Missstände und Umweltprobleme aufmerksam macht. Die Macht und der Einfluss der Wirtschaft auf die Gesellschaft werden immer größer.[573] Benetton nutzt ihre Macht um in der

---

[569] Toscani, O. (1996), S. 94.

[570] Vgl. ebd., S. 15ff.

[571] Vgl. ebd., S. 19.

[572] Vgl. Lackner, G. (2008), S. 251.

[573] Vgl. Crane, A.; Matten, D. (2007), S. 9.

global vernetzen Welt auf Probleme wie Rassismus, Moralverlust, neue Armut, soziale Ungerechtigkeit und auf die Rigorosität unserer Gesellschaft aufmerksam zu machen.

4.2 Corporate Social Responsibility am Beispiel Benetton

4.2.1 Corporate Social Responsibility?

Im Rahmen der Diskussionen rund um die Existenz des Business Case CSR, wird die Frage gestellt, ob ein Unternehmen sich langfristig dem obersten Ziel der Gewinnmaximierung widmen kann[574], wenn es sich darüber hinaus sozial innerhalb der Gesellschaft engagiert.[575] Eine mögliche Antwort darauf bot LUCIANO BENETTON bereits im Jahre 1984. Seine Intention, mit geringen finanziellen Mitteln, ein globales Image zu schaffen und gleichzeitig die Wettbewerbsfähigkeit auf internationalem Terrain[576] zu stärken, zeigte, dass mit sozialem Engagement ökonomische Ziele erreicht werden können. Benetton nutze die Werbung um auf soziale Missstände aufmerksam zu machen und baute mit dieser Methode ihr Markenimage auf.[577] Dem Unternehmen wurde immer wieder vorgeworfen, dass ihre Kampagnen, gegeben der Fall diese werden als moralisch anerkannt, nichts mit den Produkten und der Unternehmensphilosophie zu tun haben und daher kein Beispiel für CSR seien.[578] Hinzu kam, dass die Kampagnen der 90er, die als „geschmacklose Vermarktung des Elends"[579] bezeichnet wurden, zu einer Abwanderung der Kunden führte, mit dem Ergebnis das 100 Filialen in Deutschland schließen mussten.[580] Das Jahr 1994 war in Deutschland, Italien und den USA von Protesten gegen die Strategie des Unternehmens geprägt.[581] Die Umsätze brachen ein und die Produkte entwickelten sich z. B. in Deutschland zu echten Ladenhütern.[582] Während 1993 noch Umsatzzuwächse von 10 % den Konzern stärkten, stagnierten im Jahr 1994 die Umsätze, obwohl der Konzern neue Stores in China, Indien und Osteuropa eröffnete und zusätzlich in neue Produktgruppen wie Schuhe und Kosmetik investierte.[583]

---

[574] Vgl. Friedrich, K. (2010), S. 38.
[575] Vgl. Scherer, G.; Picot, A. (2008), S. 13.
[576] Vgl. Mantle, J. (2000), S. 147ff.
[577] Vgl. Werther, W. B.; Chandler, D. (2011), S. 105.
[578] Vgl. Zohar, D.; Marshall, I. (2004), S. 32.
[579] www.spiegel.de/spiegel/print/d-8887901.html, Abruf am 07.04.2011.
[580] Vgl. ebd.
[581] Vgl. www.spiegel.de/spiegel/print/d-13693530.html, Abruf am 07.04.2011.
[582] Vgl. Sommer, C. (1994), o. S..
[583] Vgl. Keegan, W. J.; Schlegelmilch, B. B.; Stöttinger, B. (2002), S. 774.

Ethik im Marketing ist nur dann glaubwürdig, wenn soziale Verantwortung innerhalb des Unternehmens sowohl intern als auch extern gelebt wird. CSR ist ein Instrument um Marketingethik glaubwürdig zu repräsentieren. Benetton hat auf der Ebene der Werbung innerhalb des Marketings moralische Forderungen gestellt, u. a. gegen Rassismus. Durch die Erinnerung an die Vergessenen der Gesellschaft, an Menschen, die nicht akzeptiert werden, hat Benetton soziale Verantwortung u. a. für Aidskranke ergriffen. Dennoch wurde die Marke und das Image des Unternehmens durch die Kampagnen immer weiter geschwächt, sogar geschädigt. Zynismus statt ethische Motive wurden dem Konzern vorgeworfen. Eine Folge aus der fehlenden Implementierung des Instrumentes CSR im Rahmen der Marketingethik?

4.2.2 Negative Schlagzeilen Benettons

Benetton engagiert sich auf freiwilliger Basis für soziale Belange und Umweltthemen. Das bezieht sich jedoch auch auf die Stakeholder. Wie sieht demnach der Umgang mit den zahlreichen Franchisepartnern aus, welche Werbekampagne gab den Auslöser für die Abkehr von der provozierenden Schockwerbung und wie verträgt sich CSR mit Rennsport?

- Umgang mit den Franchisepartnern Anfang 2000

    Franchise-Unternehmer werden mit Ihren Verträgen dazu gezwungen ausschließlich Benetton-Bekleidung zu verkaufen.[584] Doch findet man in einem Lacoste-Shop Ware von Zara oder Tommy Hilfiger? Innerhalb der Diskussionen um die Schockkampagnen standen die Händler unter Beschuss der Öffentlichkeit und des Unternehmens. Es wurden Antworten vorgegeben, an welche man sich zu halten hatte.[585] Ein Verstoß gegen die Meinungsfreiheit der Unternehmer, die immerhin abhängig von der Kaufkraft der bunten Pullover sind? Oder ist es nicht selbstverständlich sich insbesondere in Zeiten der Krise nach außen hin geschlossen zu zeigen? Mit den stark sinkenden Umsätzen und der Entwicklung der Benetton-Mode zu echten Langsamdrehern, stieg die Redebereitschaft dieser.[586] Durch die Führung eines Franchise-Unternehmens war man nicht nur verpflichtet die Ware zu führen und damit in Krisenzeiten keine Alternative zu haben, sondern man war darüber hinaus skrupellosen Gebietsleitern ausgesetzt. Deren Interesse lag nicht in der Unterstützung und Beratung, sondern im Verkauf von möglichst viel Ware in Verbindung mit einer Beteiligung am Umsatz in der Region von 5 %. Als Druckmit-

---

[584] Vgl. www.spiegel.de/spiegel/print/d-8887901.html, Abruf am 07.04.2011.
[585] Vgl. www.spiegel.de/spiegel/print/d-9158859.html, Abruf am 07.04.2011.
[586] Vgl. Sommer, C. (1994), o. S..

tel wurden Drohungen mit Lieferstopp oder der Eröffnung eines weiteren Benetton-Shops verwendet. Hinzu komme, dass die Händler selbst auf fehlerhafter Ware des Multikonzerns sitzen blieben. Darüber hinaus könne die Ware nicht mit den ständig wechselnden Kollektionen des Wettbewerbs (vor allem H&M) mithalten und würde sich zu dem nicht den neuen Trends und Gegebenheiten (z. B. Passformen) des deutschen Marktes anpassen.[587]

Die Manager der Shops werden nicht in die Kampagnen mit einbezogen, so dass sie sich ausgeschlossen fühlen von den ethischen und sozialen Konzepten, von den Modenschauen und von der Unternehmensstrategie.[588] Das Unternehmen will ein sozial verantwortliches Image und der Verkäufer, der im direkten Kontakt mit dem Konsumenten steht, weiß nichts davon.

- Kampagne „Sentenced to death"

Die Zusammenarbeit mit TOSCANI wurde nach der Kampagne „Sentenced to death" im Jahre 2000 beendet.[589] Auf den Bildern erschienen Verbrecher, die in den USA zum Tode verurteilt wurden.[590] Mit der Intention die Diskussion über die in staatenweise immer noch vollzogene Todesstrafe in den USA, wurden Mörder in Zeitungen und auf Plakaten abgedruckt. So wurde beispielsweise der Familie Nelson der Mann öffentlich präsentiert, der ihren Sohn entführt, vergewaltigt und umgebracht hat.[591] Die Reaktionen in den USA waren für das Unternehmen unberechenbar. Die Einzelhandelskette SEARS stellte die Geschäfte mit Benetton ein,[592] damit wurde die Mode nicht in den 800 Outlets verkauft.[593] Die Umsätze des Unternehmens haben im Jahr 2000 die 2 Billionen EUR-Grenze überschritten. Der Umsatz der Marken UCB, Sisley, Playlife und Killerloop sank bis 2004 jedoch auf 1,7 Billionen EUR.[594] Die Idee die Diskussion gegen die Todesstrafe ankurbeln zu wollen, wurde durch die Art und Weise der Umsetzung, durch welche Verbrecher unserer Gesellschaft vermenschlicht wurden, zu einer weiteren Katastrophe für das Image und den Umsatz.

---

[587] Vgl. www.spiegel.de/spiegel/print/d-13686868.html, Abruf am 07.04.2011.
[588] Vgl. Borgerson, J. L.; Escudero Magnusson, M.; Magnusson, F. (2006), S. 175.
[589] Vgl. Mantle, J. (2000), S. 345.
[590] Vgl. Borgerson, J. L.; Schroeder, J. E. (2008), S. 100.
[591] Vgl. Lester, P. M. (2006), S. 71.
[592] Vgl. Mantle, J. (2000), S. 345; Husted, B. W.; Allen, D. B. (2011), S. 144.
[593] Vgl. Lester, P. M. (2006), S. 71.
[594] Vgl. Schulz, T.; Toma, T. (2005), S. 105.

- Sport-Sponsoring

Der Formel 1-Rennstall Benetton Formula ist seit 1986 im Firmenbesitz des Unternehmens. BRIATORE, der für Benetton mehrere 100 Geschäfte in den USA eröffnete, wurde 1989 zum Teamchef ernannt.[595] Engagement im Autorennsport auf der einen Seite und auf der anderen Seite einen LUCIANO BENETTON der Spenden nicht als Unternehmensaufgabe ansieht.[596] Die Entstehung einer Diskrepanz zwischen Plakaten, die Kriegsopfer, ölverschmierte Enten oder Aidskranke zeigen, bleibt dem Konsumenten nicht verschleiert, sondern signalisiert Unglaubwürdigkeit.[597] Das Sport-Sponsoring zielte auf ein Image von Jugendlichkeit und Erfolg ab,[598] unterstützte jedoch Kunden in ihrer Meinungsbildung Benetton als Ausnutzer des Elends der Welt zu sehen. Die Boykotte in Deutschland führten zu Boykottaufforderungen per Flugblatt, mit Sekundenkleber blockierten Türschlösser und besprühten Schaufenstern.[599]

4.2.3 Positive Schlagzeilen Benettons

Benetton beherrschte seine Kernkompetenzen „Zuschnitt, Färbung, Design, Marketing und Verkaufsinformationen" so gut, dass die Bedürfnisse der Stakeholder, in erster Linie der Kunden, erfüllt wurden. Die Bereiche Freizeit-, Kinder- und Sportbekleidung wurden in den 80er Jahren nahezu revolutioniert.[600] Wie erfüllt Benetton die Bedürfnisse der Stakeholder heute und wie wird das Instrument CSR genutzt?

- Code of Ethics

  Ein Unternehmen, das sich im Marketing versucht ethisch zu engagieren und soziale Verantwortung übernehmen will, kann mithilfe allgemeingültiger Werte helfen moralische Wertekonflikte sowohl innerhalb, als auch außerhalb der Organisation zu lösen. Verhaltenskodizes tragen zu einer Formung der Moral im Unternehmen bei.[601] Die erste Version des Code of Ethics wurde für die gesamte Benetton-Gruppe vom Top-Management im Jahre 2003 verabschiedet. Die aktuelle Version wurde letztmalig 2008 optimiert. Fixiert wurden Prinzipien zum Schutz von Humankapital im Bezug auf deren Würde, Sicherheit, Gesundheit sowie deren Integrität. Hinzu kommen Prinzipien über das Management im Allgemeinen, z. B. über das

---

[595] Vgl. de.wikipedia.org/wiki/Flavio_Briatore, Abruf am 10.04.2011.
[596] Vgl. Lackner, G. (2008), S. 8.
[597] Vgl. Sommer, C. (1994), o. S..
[598] Vgl. Jansen, C. (2007), S. 86.
[599] Vgl. Sommer, C. (1994), o. S..
[600] Vgl. Hinterhuber, H. H. (2004), S. 13.
[601] Vgl. Hansen, U. (1995), S. 43.

Verhalten innerhalb Konfliktsituationen und der Umgang mit Informationen von Dritten.[602] Benetton stimmt mit den International Labour Standards (ILS), vorgesehen in den Grundsätzen der International Labour Organisation (ILO) ein. Das Unternehmen spricht sich z. B. gegen Kinderarbeit entlang der Lieferkette aus.[603] Zu den Themen Existenzlohn oder Mindestlohn, wöchentliche Arbeitszeit, Umsetzung des Kodex bei direkten Lieferanten und deren Lieferanten sowie über die Sensibilisierung der Mitarbeiter (z. B. durch Ethiktrainings) wird nichts erwähnt.

- Zusammenarbeit mit internationalen Non-Profit-Organisationen

  Benetton zeigte sein politisches Engagement, beginnend Mitte der 90er, durch die Zusammenarbeit mit internationalen Organisationen, welche in Form von Werbung über die Organisation bzw. deren Programm umgesetzt wurde.[604] Themen wie die Einhaltung von Menschrechten, Antirassismus und Welthunger sowie der Einsatz für Minderheiten wurden mit den jeweiligen Kampagnen beworben. Dazu gehörten u.a.:

  o World Food Programme

    2003 wird das Thema Welthunger in Kooperation mit dem World Food Programme aufgegriffen, eine Organisation der United Nations. Der Multikonzern investiert in das Programm „Food for life" 15 Millionen EUR.[605] Eine Summe die sich die Hilfsorganisation hätte nie leisten können und wollen. Mit der Fähigkeit Benettons, die Menschen zu sensibilisieren,[606] sollte auf die Bedeutung von Nahrung für die unterernährten Menschen in der Welt aufmerksam gemacht werden. Im Rahmen der Kampagne wurden hungernde Menschen aus Afghanistan, Kambodscha, Sierra Leone und Guinea gezeigt.[607] Es wurde nicht nur der Hunger verdeutlicht, sondern auch die Folgen herausgestellt (z. B. Krieg, Prostitution, Gewaltopfer, fehlende Bildung, Aids).[608]

  o Jane Goodall Institute

---

[602] Vgl. UNITED COLORS OF BENETTON (2008), S. 1ff.

[603] Vgl. UNITED COLORS OF BENETTON (2008), S. 15.

[604] Vgl. Imbusch, P. (2007), S. 295.

[605] Vgl. www.welt.de/print-welt/article388198/Benetton_kaempft_gegen_Welthunger.html, Abruf am 08.04.2011.

[606] Vgl. Olins, W. (2004), S. 213.

[607] Vgl. Wieser, C. (2005), S. 96.

[608] Vgl. www.benetton.com/food/press/presskit/download/images/presskit_en.pdf, Abruf am 09.04.2011.

2004 startet Benetton eine Kampagne zum Schutz von Großaffen (u. a. Schimpansen und Gorilla) in Zusammenarbeit mit dem Jane Goodall Institute. Auf den Plakaten erschienen Affen mit ihren Namen, deren Eltern von Fleischhändlern getötet wurden.[609] Jane Goodall, Verhaltensforscherin von Schimpansen, gilt als erste Forscherin, die den Tieren ihrer Beobachtungen Namen statt Nummern gegeben hat.[610] Das Institut hat das Ziel den respektvollen Umgang mit Menschen, Tieren und der Natur zu fördern. Die Verhaltensforscherin hat revolutionäre Erkenntnisse bei Schimpansen gewinnen können, welche eingesetzt werden um Natur- und Artenschutz, Bildung in nachhaltige Entwicklung und die Entwicklungszusammenarbeit global voranzutreiben.[611]

Weitere soziale Projekte wurden mit den United Nations Volunteers im Zusammenhang mit dem International Volunteers Year 2001 und mit dem UN-Flüchtlingshilfswerk für Flüchtlinge aus dem Kosovo (1998) gestartet. Darüber hinaus wurde SOS Racisme in Afrika und die Associazione per la Pace für ihr Engagement um die Kriegsopfer in Bosnien-Herzegowina unterstützt[612] sowie zahlreiche weitere Kooperationen im Sinne der sozialen Verantwortung auf globaler Ebene.[613] Die Zusammenarbeit mit internationalen Non-Profit-Organisationen und bedeutenden Netzwerken war nach dem Imageschaden besonders wichtig zur Rechtfertigung der Marke.[614]

- Fabrica

Fabrica (lateinisches Wort für Workshop), ausgedacht von TOSCANI, wurde 1994 geschaffen und bildet die Ideenschmiede Benettons. Das Kommunikations-Research und Entwicklungscenter lockt junge, studierende Künstler aus aller Welt an um an den Kommunikationsprojekten kreativ mitwirken zu können.[615] Dadurch soll eine Brücke zwischen Kultur und Industrie geschaffen werden, die zum multikulturellen Austausch führt. Die erzielten Ergebnisse für Kreativität mit sozialem Bewusstsein sprechen für sich. Dazu gehören Kommunikationskampagnen mit

---

[609] Vgl. www.benettongroup.com/apes/presskit/download/images/apes_presskit_en.pdf, Abruf 08.04.2011.

[610] Vgl. Greene, M. (2005), S. 132.

[611] Vgl. www.janegoodall.de/mission_statement/, Abruf am 08.04.2011.

[612] Vgl. Imbusch, P. (2007), S. 334.

[613] Vgl. www.benetton.com/food/press/presskit/download/images/presskit_en.pdf, Abruf am 09.04.2011.

[614] Vgl. Mast, C.; Huck, S.; Güller, K. (2005), S. 294f.

[615] Vgl. Schmetterer, B. (2003), S. 55f.

den Vereinten Nationen und Reporters Sans Frontières, Musikforschung bezüglich der religiösen Toleranz (Projekt Credo), produzierte Filme, die ausgezeichnet wurden, das Magazin COLORS, sowie Workshops zu den Themen Umweltforschung und Sozialwissenschaft. Es wird das Ziel verfolgt, Kommunikation mit anderen Sparten wie Wirtschaft, Sozialwissenschaft und Umweltforschung zu verbünden. Gleichermaßen werden Trends und Marktveränderungen untersucht.

- Umweltengagement

Der neue Business Plan Benettons ist auf Ökologie und Nachhaltigkeit ausgerichtet. 2010 wurden Einkaufstüten aus Umweltschutz-Papier von Plastiktüten substituiert. 2011 sollen, durch die Verwendung von Kleiderbügeln aus Holz, die zu 100 % biologisch abbaubar und recyclebar sind,[616] 600 Tonnen Plastik weniger eingesetzt werden. Darüber hinaus soll die Anzahl der Kleidungsstücke aus Bio-Baumwolle bei allen Marken der Gruppe auf 13 Millionen erhöht werden. Die Artikel seien nach GOTS (Global Organic Textile Standard) zertifiziert.[617]

4.2.4 Kritische Würdigung

Die CSR-Kommunikation integriert in sich den Stakeholder-Dialog. D. h. mit den Anspruchsgruppen in Dialog treten und diese konkret in die Kommunikation einbinden. Gleichermaßen zielt eine wirkungsvolle CSR-Kommunikation auf die Schaffung von Transparenz und die Erfüllung von Rechenschaftspflichten ab.

Zweifelsohne tritt Benetton während der TOSCANI-Ära auf eine einzigartige Weise mit den Stakeholdern in Dialog. Frieden, Toleranz und respektvoller Umgang mit jedem Einzelnen,[618] sollen durch die Visualisierung von Tabuthemen von der Gesellschaft selbst neu diskutiert werden (z. B. AIDS).[619] Durch die Ausrichtung der Kampagnen an den Wertvorstellungen der Individuen unserer Gesellschaft,[620] wurde ein regelrechter Benetton-Diskurs ausgelöst,[621] um die ausgelösten Emotionen durch den Betrachter (dem Individuum) für sich selbst zu analysieren.[622] Damit hat Benetton geschafft zu polarisieren und damit einhergehend strikte Gegner, aber auch klare Befürworter ge-

---

[616] Vgl. www.benetton.com/portal/web/guest/product_care/b-green, Abruf am 10.04.2011.

[617] Vgl. Wollenschläger, U. (2011), o. S..

[618] Vgl. Mast, C.; Huck, S.; Güller, K. (2005), S. 290.

[619] Vgl. Imbusch, P. (2007), S. 288.

[620] Vgl. Mast, C.; Huck, S.; Güller, K. (2005), S. 290.

[621] Vgl. Lackner, G. (2008), S. 110.

[622] Vgl. Friedrich, G.; Ditz, K. (1997), S. 60.

wonnen.[623] Unterstützt wurde die Glaubwürdigkeit des Engagements durch die Zusammenarbeit mit Non-Profit-Organisationen, wie z. B. im Falle der AIDS-Kampagnen mit LILA, GAPA & The Gay Men's Health Crisis.[624] Mit dem Ende von TOSCANI als Kopf der Werbestrategien, wurde die Zusammenarbeitet mit internationalen Organisationen fortgeführt, jedoch die Provokation und der Schock aus den Kampagnen eliminiert. Fabrica entwickelt jedes Jahr neue Kommunikationsideen, insbesondere im Zeichen der WHO. Darunter Kampagnen im Sinne der sozialen Verantwortung für die Gesundheit der Menschheit, u. a. gegen Rauchen und Tuberculose.[625] Das Engagement für soziale Projekte ist gegeben, doch damit hört es auf. Es wird nicht spezifiziert, was genau erreicht und welche Erfolge erzielt wurden.

Im Bezug auf die Implementierung von Geschäftsprinzipien formuliert Benetton u. a. gesetzlich vorgeschriebene Regulierungen (Internal Dealing Regulations) sowie einen Code of Ethics. Letzeres ohne konkrete Hinweise auf die Durchführung innerhalb des Unternehmens und die entsprechende Überprüfung. Die Diskrepanz liegt demnach genau darin, dass im Sinne von CSR in Dialog mit dem Stakeholder getreten wird, die Rechenschaftspflicht und die Transparenz um die Themen selbst fehlt. Das Leben der sozialen Verantwortung innerhalb der Organisation des Modekonzerns wird nicht deutlich. Dies führte nicht zuletzt dazu, dass in Zulieferbetrieben Benettons in der Türkei Kinder unter den schlechtesten Bedingungen arbeiteten, trotz des fortschrittlichen Leitbilds.[626] Schlagzeilen Anfang 2000 stellen den Konzern durch die fragwürdige Behandlung der Franchisepartner an den Pranger.

Die Werbung des Unternehmens komme aus dem Herzen,[627] doch bis auf die Ideen-Schmiede Fabrica fehlen Informationen über das Management der eigenen Mitarbeiter oder Diversity-Management. Was tut das Unternehmen operativ für die Interessen der Stakeholder? Bis auf Ziele ab 2010 im Rahmen des neuen Business Plans fehlt es an Innovationen zu Gunsten der Umwelt und zur Schonung der Ressourcen. Stattdessen streitet Benetton als größter Grundbesitzer Argentiniens mit den Ureinwohnern.[628]

Das Beispiel Benettons zeigt zum einen, dass Ethik im Marketing bis zu einem gewissen Ausmaß an Provokation, erfolgreich sein kann. Benetton hat damit Charakter ge-

---

[623] Vgl. Frankenberg, G.; Niesen, P. (2004), S. 18.
[624] Vgl. investors.benettongroup.com/phoenix.zhtml?c=114079&p=irol-socialCollaborations, Abruf am 11.04.2011.
[625] Vgl. www.fabrica.it/projects/social%20campaigns, Abruf am 11.04.2011.
[626] Vgl.www.evb.ch/p25000320.html, Abruf am 10.04.2011.
[627] Vgl. Mast, C.; Huck, S.; Güller, K. (2005), S. 290.
[628] Vgl. Burghardt, P. (2008), o. S..

zeigt, die Welt bewegt und sich gleichermaßen ein soziales Image aufgebaut. Doch hat es einen wesentliches Instrument nicht erkannt und nicht gewinnbringend eingesetzt. Von einer lebendigen und glaubwürdigen CSR-Kommunikation kann man nicht sprechen. Genau hier liegt das Problem, warum die Menschen dem Unternehmen bis heute nicht abnehmen, ein sozial verantwortliches Unternehmen zu sein.

5 Fazit

5.1 Zielerreichung

Die zunehmende Bedeutung der Wirtschaftsethik steht außer Frage. Die Auseinandersetzung mit ethischen Anforderungen, die von den Stakeholdern an die Unternehmen gestellt werden, ist notwendig um in Zeiten der Globalisierung wirtschaftsfähig zu bleiben und sich den künftig gestellten Herausforderungen zu stellen.[629] Dass mit der Erfüllung ethischer Ansprüche profitable Entscheidungen getroffen werden können, wurde gezeigt. Dabei steht der Beitrag für das gesellschaftliche Gemeinwohl im Vordergrund.

Der Erfolg Benettons in den 80er Jahren, durch die Herstellung einer Verbindung zwischen der Marke und den Menschen auf dem ganzen Globus, zeigte Ethik und Marketing sind kombinierbar. Sich sozial gegen Rassismus zu engagieren und zu zeigen, dass wir Menschen alle gleich sind, brachte nicht nur den Markennamen in aller Munde, sondern auch die bunten Pullover in Kleiderschränke auf der ganzen Welt. Ein Zeichen dafür, dass sich die Konsumenten in der Botschaft wiederfanden und Benetton deren Ansprüche gegen Rassismus traf. Für den Konsument wurde damit ein Beitrag zum Gemeinwohl geleistet.

Das Marketing, als direkte Verbindung zum Konsumenten, steht mehr als andere Unternehmensbereiche im Fokus kritischer Entscheidungen. Diese besondere Eigenschaft birgt gleichermaßen Gefahren für das Unternehmen, die mit Fehlverhalten im Marketing einhergehen. Benetton zeigte der Welt, welche Grenzen Werbung hat. Mit dem eigenen Überschreiten dieser Grenzen, fanden die außergewöhnlichen Werbekampagnen, mit ihrem ethischen Charakter, den Weg in Richtung Umsatz- und Glaubwürdigkeitsverlust und im Niedergang des langjährig aufgebauten Markenimages. Benetton schaffte es nicht länger den Ansprüchen seiner Kunden zu genügen und wurde durch den Verstoß gegen die Bedürfnisse der schutzbedürftigen Konsumenten letztendlich boykottiert.

---

[629] Vgl. Wolf, G. (2000), S. 33.

Ethik kann im Marketing nicht nur kommuniziert werden, sondern es ist notwendig diese im Unternehmen zu implementieren und zu leben. Benetton liefert ein gutes Beispiel dafür, dass man langfristig gesehen nur erfolgreich ethisch kommunizieren kann, wenn man es schafft diese ethische Komponente zu beweisen. Aus Worten müssen Taten folgen. Als tatkräftiges Unterstützungsmodell dient CSR. Die Anwendung von CSR stärkt die Marketingethik und bietet darüber hinaus zahlreiche konkrete Handlungsmöglichkeiten, da CSR nicht nur auf EU-Ebene vorangetrieben wird, sondern schlichtweg mehr Forschungsergebnisse vorliegen.

5.2 Ausblick

Der Schrei nach Wirtschaftsethik wird immer lauter. Die sich aus der Globalisierung ergebenden Herausforderungen müssen auf allen Ebenen bewältigt werden. Doch muss den Unternehmen klar gemacht werden, dass sich ethisches Verhalten auszahlt, auch wenn es sich nicht direkt in Zahlen ausdrücken lässt. Die Integration einer Unternehmensethik bietet die Möglichkeit die Lücken innerhalb der Rahmenordnung zu schließen und gleichzeitig den Interessen der Stakeholder zu entsprechen. Das Konfliktpotenzial zwischen Ethik und Gewinn wurde sowohl im Bereich der Wirtschaftsethik als auch in der Marketingethik verdeutlicht. Den Unternehmen muss dieses Konfliktpotenzial offenbart werden und insbesondere müssen Handlungsempfehlungen her.

Jeder Konsument, jeder Manager und jeder Marketingmanager handelt nach einem bestimmten Wertesystem. In den meisten Fällen ist dem Handelnden bewusst, welche Handlung ethisch wäre. Dennoch entscheidet er sich dagegen, weil er für sich aus einer weniger ethischen Entscheidung mehr Nutzen generieren kann. Es muss in Zukunft eine Verknüpfung von ökonomisch Sinnvollem und ethisch Verantwortbaren stattfinden. Die langfristigen Folgen einer unethischen Entscheidungswahl müssen verdeutlicht werden. Daraus ergibt sich für die Zukunft, dass ein Weg geschaffen werden muss, um ethisches Bewusstsein zu wecken bzw. zu fördern. Auf allen Ebenen, ob Makro-, Meso- oder Mikroebene, muss ethische Sensibilisierung stattfinden. Nur so können wir uns den Herausforderungen der Globalisierung stellen. Innerhalb der Ordnungsethik ist es von besonderer Bedeutung transnational zu agieren. Es sollte den Multikonzernen in allen Ländern möglich sein ethische Handlungsweisen vorzuziehen ohne damit Wettbewerbsnachteile einzugehen.

Die Unternehmen haben bereits erkannt, dass Ethik im Marketing Wettbewerbsvorteile bringen kann. Ebenso bietet das Forschungsgebiet Möglichkeiten neue Absatzchancen zu entdecken, mit Produkten die ethischen Konsum ermöglichen. Produkte, die z. B. dem Konsumenten das Gefühl vermitteln, etwas Gutes mit dem Kauf zu tun. So wie

TOSCANI mit seinen Kampagnen der Marke ethische Eigenschaften injizierte, die durch das Tragen der Marke Benetton, Werte des Menschen vermitteln sollte (z. B. dass man gegen Rassismus ist). Doch um dem Konsumenten ein soziales Image und ethische Produkte verkaufen zu können, bedarf es der Legalisierung. Die Möglichkeit der Zertifizierung von Unternehmen ist bereits gegeben (vgl. Kapitel 2.4.5.1), doch müssen diese weiter reifen. Auch die Möglichkeit eines Ethik-Labeling sollte vorangetrieben werden.[630] Wie im Kapitel 3.3 gezeigt, ist der Konsument am ethischen Konsum interessiert. Die steigenden Umsätze von Fair Trade- oder Bio-Produkten beweisen, Geiz ist nicht mehr jedermanns Sache. Doch ist es Aufgabe der Marketingethik, den Menschen den Zusatznutzen ethischer Produkte schmackhaft zu machen oder die Produkte eines sozial verantwortlich agierenden Unternehmens vorzuziehen. Daraus ergibt sich die logische Verbindung CSR als geeignetes Instrument der Marketingethik zu verwenden. Aus dieser Erkenntnis heraus wird den Unternehmen die Möglichkeit geboten Ethik im Marketing zu integrieren und gleichzeitig mit Hilfe der CSR Glaubwürdigkeit, sowohl auf der gesamten Unternehmensebene als auch für alle Stakeholder, zu schaffen. Beginnend mit dem ethisch ausgerichteten Marketing bis hin zum Business Case CSR, wird langfristig die Existenz des Unternehmens gesichert. Ethik und Ökonomie sind vereinbar und müssen kein Oxymoron darstellen.

---

[630] Vgl. Pech, J. C. (2007), S. 268.

Literaturverzeichnis

Abel, B. (2004): Ethisch-normative Analysen in den Wirtschaftswissenschaften, in: Wiedmann, K. P.; Fritz, W.; Abel, B. [Hrsg]: Management mit Vision und Verantwortung – Eine Herausforderung an die Praxis, Wiesbaden 2004

Aigner, I. (2010): Die neue Macht des Verbrauchers, in: Hardtke, A.; Kleinfeld, A. [Hrsg.]: Gesellschaftliche Verantwortung von Unternehmen – Von der Idee der Corporate Social Responsibility zur erfolgreichen Umsetzung, Wiesbaden 2010, S. 180-185

Akaah, I. P. (1990): Attitudes of Marketing Professionals Toward Ethics in Marketing Research: A Cross-National Comparision, in: Journal of Business Ethics, 1990, Nr. 9, S. 45-53

Altmann, J. (2003): Volkswirtschaftslehre: einführende Theorie mit praktischen Bezügen, 6. Aufl., Stuttgart 2003

Andreasen, A. R. (2001): Ethics in social marketing, Washington 2001

Andrews, K. R. (1989): Ethic in Practice: Managing the Moral Corporation, in Harvard Business School Press, Boston 1989

Anghern, O. (1981): Marketing und Ethik, in: Bergler, G. [Hrsg.]: Jahrbuch der Absatz- und Verbrauchsforschung im Auftrag der GfK Nürnberg, Berlin, Wiesbaden 1981, S. 3-25

Aufderheide, D. (1995): Unternehmer, Ethos und Ökonomik: Moral und unternehmerischer Gewinn aus der Sicht der neuen Institutionenökonomik, Berlin 1995

Backhaus-Maul, H. (2009): Zum Stand der sozialwissenschaftlichen Diskussion über „Corporate Social Responsibility" in Deutschland, Halle 2009

Barnett, M.; R. Salomon (2006): Beyond Dichotomy: The Curvilinear Relationship between Social Responsibility and Financial Performance, in: Strategic Management Journal, 2006, Nr. 27, S. 1101-1122

Becker, G. K. (2010): Vom langen Abschied des „Homo oeconomicus". Das defizitäre Leitbild neoliberaler Ökonomie und die Ethik des Respekts, in: Delgado, M.; Waldenfels, H. [Hrsg.]: Evangelium und Kultur – Begegnungen und Brüche, Freiburg, Stuttgart 2010

Benetton. L.; Lee, A. (1994): Die Farben des Erfolgs, Zürich 1994

Berkel, K.; Herzog, R. (1997): Unternehmenskultur und Ethik, München 1997

Bickenbach, F.; Sotwedel, R. (1996a): Ordnung, Anreize und Moral: Ethik und wirtschaftliches Handeln in der modernen Gesellschaft, Gütersloh 1996

Bickenbach, F.; Sotwedel, R. (1996b): Ethik und wirtschaftliches Handeln in der modernen Gesellschaft: Ordnung, Anreize und Moral, in: Institut für Weltwirtschaft [Hrsg.]: Kieler Arbeitspapiere, Nr. 268, Kiel 1996

Bidlingmaier, J. (1973): Marketing, Bd. 1, Reinbek 1973

Bienert, S. (2010): Nachhaltigkeit macht sich bezahlt, in: Managementkompass, 2010, S. 10-12

Blanchard, K.; O'Connor, M. (1998): Die neue Management-Ethik, Hamburg 1998

BMU (2009): Nachhaltigkeitsberichterstattung: Empfehlungen für eine gute Unternehmenspraxis, Berlin 2009

Bobbert, M. (2001): Ethische Fragen in der Pflege: Säuglingsernährung auf der Frühgeborenenstation – Pflegende zwischen Fürsorge und Autonomie, in: Pflege, 2001, Nr. 14, S. 13-16

Borgerson, J. L.; Escudero Magnusson, M.; Magnusson, F. (2006): Branding ethics: negotiating Benetton's identity and image, in: Schroeder, J. E.; Salzer-Mörling, M.; Askegaard, S. [Hrsg.]: Brand Culture, Oxon, New York 2006, S. 171 - 184

Borgerson, J. L.; Schroeder, J. E. (2008): Building an Ethics of Visual Representation: Contesting Epistemic Closure in Marketing Communication, in: Painter-Morland, J.; Werhane, M. [Hrsg.]: Cutting-edge issues in business ethics, Chicago 2008, S. 87-108

Bowen, H. R. (1953): Social Responsibility of a Businessman, New York 1953

Braun, S. (2008): Gesellschaftliches Engagement von Unternehmen in Deutschland, in: Aus Politik und Zeitgeschichte, 2008, Nr. 31, S. 6-14

Brink, A. (2005): Ethisches Management – Eine Einführung, in: Brink, A., Tiberius, V. [Hrsg.]: Ethisches Management: Grundlagen eines wert(e)orientierten Führungskräfte-Kodex, Bern 2005, S. 53-87

Bundesregierung (2002): Perspektiven für Deutschland. Unsere Strategie für eine nachhaltige Entwicklung, Berlin 2002

Burghardt, P. (2008): Ausverkauf am Amazonas, in: SZ vom 30.05.2008, o. S.

Carroll, A. B. (1975): Managerial Ethics: A Post Watergate view, in: Business Horizons, 1975, Nr. 4, S. 75-78

Carroll, A. B. (2006): Corporate Social Responsibility: A Historical Perspective, in: Epstein, M. J.; Hanson, K. O. [Hrsg.]: The Accountable Corporation, 3. Aufl., Westport 2006, S. 3-30

Carroll, A, B. (2008): A History of Corporate Social Responsibility: Concepts and Practices, in: Crane, A. et al. [Hrsg.]: The Oxford Handbook of Corporate Social Responsibility, Oxford, New York 2008, S. 19-46

Cezanne, W. (2005): Allgemeine Volkswirtschaftslehre, 6. Aufl. München 2005

Chonko, L. B. (1995): Ethical Decision Making in Marketing, Thousand Oaks, London, New Dehli 1995

Collins, J. W. (1994): Is business ethics an oxymoron?, in: Business Horizons, 1994, Nr. 5, S. 1-8

Corey, E. R. (1993): Marketing Managers: Caught in the Middle, in: Smith, N. C.; Quelch, J. A. [Hrsg.]: Ethics in Marketing, Boston 1993

Crane, A.; Matten, D. (2007): Business Ethics, 2. Aufl., New York 2007

Crane, A.; Matten, D.; Spence, L. J. (2008): Corporate Social Responsibilities - Readings and cases in a global context, New York 2008

Cui, G.; Choudhury, P. (2003): Consumer Interests and the Ethical Implications of Marketing: A Contingency Framework, in: The Journal of Consume Affairs, 37. Jg., 2003, Nr. 2, S. 364-386

Curbach, J. (2009): Die Corporate-Social-Responsibility-Bewegung, Wiesbaden 2009

Davis, K. (1973): The Case for and against Business Assumptions of Social Responsibilities, in: Academy of Management Journal, 1973, Nr. 16, S. 312-317

De Sombre, S. (2008): Der gesellschaftliche Wandel generiert neue Zielgruppen-Allensbacher Markt- und Werbeträgeranalyse (AWA), Allensbach 2008

Deutscher Bundestag (2002): Globalisierung der Weltwirtschaft – Schlussbericht der Enquette-Kommission, Opladen 2002

Deutscher Bundestag (2008): Unterrichtung durch die Bundesregierung. Fortschrittsbericht 2008 zur nationalen Nachhaltigkeitsstrategie, Bundestagsdrucksache 16/10700, Berlin 2008

Dietzfelbinger, D. (2008): Praxisleitfaden Unternehmensethik – Kennzahlen, Instrumente, Handlungsempfehlungen, Wiesbaden 2008

Drucker, P. F. (2002): The future of industrial man, 2. Aufl., New York 2002

Dubinsky, A. J.; Levy, M. (1985): Ethics in Retailing: Perceptions of Retail Salespeople, in: Journal of the Academy of Marketing Science, 1985, Jg. 13, Nr. 1, S. 1-16

Duncker, S. (2003): Social Accountability International, in zfwu, 2003, 4. Jg., Nr. 2, S. 245-246

Duong Dinh, H. V. (2011): Corporate Social Responsibility – Determinanten der Wahrnehmung, Wirkungsprozesse und Konsequenzen, in: Ahlert, D.; Creusen, U.; Ehrmann, T.; Olesch, G. [Hrsg.]: Unternehmenskooperation und Netzwerkmanagement, Münster 2010

Eigenstetter, M.; Hammerl, M. (2005): Wirtschafts- und Unternehmensethik und die soziale Verantwortung von Unternehmen, in : Eigenstetter, M., Hammerl, M. [Hrsg.]: Wirtschafts- und Unternehmensethik – ein Widerspruch in sich?, Kröning 2005, S. 3-37

Elkington, J. (2008): Green Consumerism, in: Visser, W.; Matten, D.; Pohl, M.; Tolhurst, N. [Hrsg.]: The A to Z of Corporate Social Responsibility – A Complete Reference Guide to Concepts, Codes and Organisations, 2. Aufl., Sussex 2008

Eller, B. (2009): Usability Engineering in der Anwendungsentwicklung: Systemische Integration zur Unterstützung einer nutzerorientierten Entwicklungsarbeit, in: Lehner, F.; Eicker, S.; Frank, U.; Ortner, E.; Schoop, E. [Hrsg.]: Information Engineering und IV-Controlling, Darmstadt 2009

Enderle, G. (1993): Handlungsorientierte Wirtschaftsethik: Grundlagen und Anwendungen, Bern, Stuttgart, Wien 1993

Enderle, G. (1998): Ökonomische und ethische Aspekte der Armutspolitik, in: Wirtschft und Ethik, Stuttgart 1998

Erlewein, C. (2003): Ethik, Recht und Ökonomie: Zur Kritik der Integrativen Wirtschaftsethik, Köln 2003

Fabisch, N. (2004): Soziales Engagement von Banken. Entwicklung eines adaptiven und innovativen Konzeptansatzes im Sinne des Corporate Citizenship von Banken in Deutschland, München 2004

Ferrell, O. C.; Weaver, K. M. (1978): Ethical Beliefs of Marketing Managers, in: Journal of Marketing, Jg. 42, Nr. 7, S. 69-73

Fetting, M. (2009): Theorien und Konzepte der Public Relations - Öffentlichkeitsarbeit und interne Unternehmenskommunikation als Erfolgsfaktoren im Betrieb, Norderstedt 2009

Fieseler, C. (2010): Die Kommunikation von Nachhaltigkeit – Gesellschaftliche Verantwortung als Inhalt der Kapitalmarktkommunikation, St. Gallen 2010

Fill, C. (2005): Marketing communications: engagement, strategies and practice, 4. Aufl., Essex 2005

Fombrun, C. J.; Gardberg, N. A.; Barnett, M. L. (2000): Opportunity Platforms and Safety Nets: Corporate Citizenship and Reputational Risk, in: Business and Society Review, (2000), Nr. 105, S. 85–106

Frankenberg, G.; Niesen, P. (2004): Bilderverbot: Recht, Ethik und Ästhetik der öffentlichen Darstellung, Münster 2004

Freiling, J.; Reckenfelderbäumer, M. (2010): Markt und Unternehmung: Eine marktorientierte Einführung in die Betriebswirtschaftslehre, 3. Aufl., Wiesbaden 2010

Friedrich, G.; Ditz, K. (1997): Wer nicht auffällt, fällt durch. Die neuen Spielregeln für die Piktogramm-Gesellschaft, Wien, München 1997

Friedrich, K. (2010): Auslaufmodell Gewinnmaximierung, in: Bürkle, H. [Hrsg.]: Mythos Strategie – Mit der richtigen Strategie zur Marktführerschaft, Wiesbaden 2010

Fries, A. J.; Müller, S. S. (2011): Konsumentenbezogene Wirkung von Caused-Related Brands, in: Völckner, F.; Willers, C.; Weber, T. [Hrsg.]: Markendifferenzierung: Innovative Konzepte zur erfolgreichen Markenprofilierung, Wiesbaden 2011, S. 179-196

Friesel, C. (2008): Erfolg und Verantwortung - Die strategische Kraft von Corporate Social Responsibility, Wien 2008

Friske, C. (2005): Unternehmensethik als „angewandte Ethik", in: Hummel, T. R. [Hrsg.]: Einführung in die Unternehmensethik: Erste theoretische normative und praktische Aspekte, München, Mering 2005, S. 27-68

Fritzsche, D. J.; Becker, H. (1983): Ethical Behaviour of Marketing Managers, in Journal of Business Ethics, Nr. 2, S. 291-299

Fröhlich, R.; Peters, S. B.; Simmelbauer, E.-M. (2005): Public Relations – Daten und Fakten der spezifischen Berufsfeldforschung, München 2005

Führing, M. (2006): Risikomanagement und Personal – Management des Fluktuationsrisikos von Schlüsselpersonen aus ressourcenorientierter Perspektive, Wiesbaden 2006

Gandenberger, C. (2009): CSR im Spannungsfeld zwischen ökonomischen und sozialen Zielen: Ein kritischer Blick auf den Umgang mit ‚social issues' in der Wertschöpfungskette der Bekleidungsbranche, in: zfwu, 2009, 10. Jg., Nr. 3, S. 304-321

Ganesan, S. (2002): Benetton group: Unconventional advertising, in Global CEO 2002, Nr. 11, S. 53-59

Garbner-Kräuter, S. (2000): Zum Verhältnis von Unternehmensethik und Unternehmenskultur in: zfwu, 2000, 1. Jg., Nr. 3, S. 290-309

Gerstein, A. (2010): Zwischen Pflicht und Kür: Arbeitsbedingungen in einer globalisierten Wirtschaft, in: Hardtke, A.; Kleinfeld, A. [Hrsg.]: Gesellschaftliche Verantwortung von Unternehmen – Von der Idee der Corporate Social Responsibility zur erfolgreichen Umsetzung, Wiesbaden 2010, S. 132-153

Gerum, E. (1992): Unternehmensführung und Ethik, in: Lenk, H.; Maring, M. [Hrsg.]: Wirtschaft und Ethik, Stuttgart 1992, S. 253-267

Gilbert, D. U. (2001): Social Accountability – Ein praktikables Instrument zur Implementierung von Unternehmensethik in international tätigen Unternehmen?, in: zfwu, 2001, 2. Jg., Nr. 2, S. 123-148

Glombitza, A. (2005): Corporate Social Responsibility in der Unternehmenskommunikation, Berlin, München 2005

Goldsmith, W.; Clutterbuck, D. (1984): The Winning Streak, London 1984

Gottschalk-Mazouz, N. (2000): Diskursethik: Theorien, Entwicklungen, Perspektiven, Berlin 2000

Green, B. (2010): Generation Reinvention: How Boomers Today Are Changing Business, Marketing, Aging and the Future, Bloomington 2010

Green, M. (1979): Ethics and the Consumer Interest, in: Ackermann, N. M. [Hrsg.]: Ethics and the Consumer Interest, Columbia 1979, S. 5-8

Greene, M. (2005): Jane Goodall: A Biography, Westport 2005

Grünewald, M. (2004): Corporate Social Responsibility – Konsumenten als Treiber für mehr gesellschaftliche Verantwortungsübernahme im Unternehmen?, in: Freimann, J. [Hrsg.]: Akteure einer nachhaltigen Unternehmensentwicklung 2004

Guggenberger, W. (2007): Die List der Dinge: Sackgassen der Wirtschaftsethik in einer funktional differenzierten Gesellschaft, Wien, Berlin 2007

Güldner, I. (2007): Marketingethik: Grundlagen, Konzepte, Chancen, Saarbrücken 2007

Habermas, J. (1983): Diskursethik - Notizen zu einem Begründungsprogramm, in: Habermas, J. [Hrsg.]: Moralbewusstsein und kommunikatives Handeln, Frankfurt a. M. 1983, S. 53-125

Habisch, A. (2006): Die Corporate-Citizenship-Herausforderung: Gesellschaftliches Engagement als Managementaufgabe, in: Gazdar, K. et al. [Hrsg.]: Erfolgsfaktor Verantwortung – Corporate Social Responsibility professionell managen, Berlin, Heidelberg 2006

Haley, E. (1996): Exploring the Construct of Organization as Source: Consumers' Understandings of Organizational Sponsorship of Advocacy Advertising, in: Journal of Advertising, Nr. 25, S. 19-35

Hansen, U. (1985): Verbraucherabteilungen als Frühwarnsystem, in: Hansen, U.; Schoenheit, I. [Hrsg.]: Verbraucherabteilungen in privaten und öffentlichen Unternehmen, Frankfurt a. M., New York 1985, S. 109-131

Hansen, U. (1995): Marketing und soziale Verantwortung, in: Hansen, U. [Hrsg.]: Verbraucher- und umweltorientiertes Marketing – Spurensuche einer dialogischen Marketingethik, Stuttgart 1995, S. 29-46

Hansen, U. (2001): Marketingethik, in: Diller, H. [Hrsg.]: Marketinglexikon, 2. Aufl., München 2001, S. 970-972

Hansen, U.; Schrader, U. (2005): Corporate Social Responsibility als aktuelles Thema der Betriebswirtschaftslehre, in: Die Betriebswirtschaft, 2008, 65. Jg., S. 375-395

Hardtke, A. (2010): Das CSR-Universum, in: Hardtke, A.; Kleinfeld, A. [Hrsg.]: Gesellschaftliche Verantwortung von Unternehmen – Von der Idee der Corporate Social Responsibility zur erfolgreichen Umsetzung, Wiesbaden 2010, S. 13-70

Harvey, D. (1994): Die Postmoderne und die Verdichtung von Raum und Zeit, in: Kuhlmann, A. [Hrsg.]: Philosophische Ansichten der Kultur der Moderne, Frankfurt a. M. 1994, S. 48-78

Hauff, V. (1991): Soziale und ökologische Verantwortung von Unternehmen, in: Dierkes, M.; Zimmermann, K. [Hrsg.]: Ethik und Geschäft: Dimensionen und Grenzen unternehmerischer Verantwortung, Frankfurt a. M. 1991, S. 73-82

Heck, A. (2003): Grundkurs Theologische Ethik: ein Arbeits- und Studienbuch, Münster 2003

Heeg, A. (2002): Ethische Verantwortung in der globalisierten Ökonomie: Kritische Rekonstruktion der Unternehmensethikansätze von Horst Steinmann, Peter Ulrich, Karl Homann und Josef Wieland, Frankfurt a. M. 2002

Heidbrink, L. (2008): Wie moralisch sind Unternehmen?, in: Aus Politik und Zeitgeschichte. Beilage zur Wochenzeitung das Parlament, 2008, Nr. 31, S. 3-6

Heidbrink, L.; Hirsch, A. (2008): Verantwortung als marktwirtschaftliches Prinzip: Zum Verhältnis von Moral und Ökonomie, Frankfurt, New York 2008

Heinemann, K. (1996): Auffallen um jeden Preis?, in: Die Kunst zu Werben: das Jahrhundert der Reklame, Köln 1996, S. 322-324

Hengsbach, F. (1991): Wirtschaftsethik, Freiburg, Frankfurt, Wien 1991

Henning-Bodewig F. (1992): Schockierende Werbung, in: Wettbewerb in Recht und Praxis, 1992, Nr. 38, S. 533-539

Hennig-Thurau, T.; Hansen, U.; Bornemann, D. (2001): Zur Akzeptanz sozialökologischer Geldanlagen bei privaten Investoren, in: Zeitschrift für angewandte Umweltforschung, 2001, 16. Jg. S. 198–216

Hesse, H. (1992): Wirtschaftliches Handeln in Verantwortung für die Zukunft, in: Homann, K. [Hrsg.]: Aktuelle Probleme der Wirtschaftsethik, Berlin 1992, S. 29-43

Hesse, H.; Keppler, H. (1999): Ordnung internationaler Währungs- und Finanzbeziehungen, in: Korff, W.; Baumgartner, A.; Franz, H.; Genosko, J. (1999): Handbuch der Wirtschaftsethik, Bd. 2, Gütersloh, S. 503-518

Hinterhuber, H. H. (2004): Strategische Unternehmensführung - I: Strategisches Denken, Berlin 2004

Hobbes, T. (1980): Leviathan, Stuttgart 1980

Höffe, O. (1992): Einführung in die Ethik, Düsseldorf 1992

Homann, K. (1992): Marktwirtschaftliche Ordnung und Unternehmensethik, in: ZfB, 1992, Nr. 1 (Ergänzungsheft), S. 75-90

Homann, K. (1994): Marktwirtschaft und Unternehmensethik, in: Blasche, S.; Köhler, W. R.; Rohs, P. [Hrsg.]: Markt und Moral. Die Diskussion um die Unternehmensethik, Bern, Stuttgart, Wien 1994, S. 109-130

Homann, K. (1995): Gewinnmaximierung und Kooperation - Eine ordnungsethische Reflexion, in: Institut für Weltwirtschaft [Hrsg.]: Kieler Arbeitspapiere, Nr. 691, Kiel 1995

Homann, K. (1997): Sinn und Grenze der ökonomischen Methode in der Wirtschaftsethik, in: Aufderheide, D.; Dabrowski, M. [Hrsg.]: Wirtschaftsethik und Moralökonomik, Berlin, S. 11-38

Homann, K.; Blome-Drees, F. (1992): Wirtschafts- und Unternehmensethik, Göttingen 1992

Homann, K.; Gerecke, U. (1999): Ethik der Globalisierung: Zur Rolle der multinationalen Unternehmen bei der Etablierung moralischer Standards, in: Kutschker, M. [Hrsg.]: Perspektiven der internationalen Wirtschaft, Wiesbaden, S. 429-457

Homann, K.; Pies, I. (1994): Wirtschaftsethik in der Moderne: Zur ökonomischen Theorie der Moral, in: Ethik und Sozialwissenschaften (EuS), 1994, 5. Jg., Nr. 1, S. 3-12

Hopwood, M.; Skinner, J.; Kitchin, P. (2010): Sport Public Relations and Communication, Oxford 2010

Husted, B. W.; Allen, D. B. (2011): Corporate Social Strategy: Stakeholder Engagement and Competitive Advantage, New York 2011

Hütte, J. (2002): Unternehmensethik als Synthese aus Ethik und Ökonomik, München, Meringen 2002

ICC Deutschland e. V. Deutsche Handelskammer (2008): Praxis der Werbe- und Marketingkommunikation – Konsolidierter Kodex der ICC, Berlin 2008

Imbusch, P. (2007): Benetton – Authentizität oder Massenbetrug, in: Imbusch, P.; Rucht, D. [Hrsg.]: Profit oder Gemeinwohl? Fallstudien zur wirtschaftlichen Entwicklung von Wirtschaftseliten, Wiesbaden 2007, S. 271-304

Imkamp, H.; Beck, A. (2008): Bessere Unternehmen – bessere Produkte? Beobachtungen zum Zusammenhang zwischen sozialökologischen Unternehmensratings und getesteter Produktqualität, in: Hauswirtschaft und Wissenschaft, 2008, Nr. 2, S. 60-69

imug Institut für Markt-Umwelt-Gesellschaft e. V. (2008): CSR im Handel. Die gesellschaftliche Verantwortung des Einzelhandels, Hannover 2008

Jackall, R. (1989): Moral mazes: the world of corporate managers, Oxford 1989

Jansen, C. (2007): Italien seit 1945, Göttingen 2007

Jordan, F. (2008): Corporate Social Responsibility - Schmückendes Beiwerk oder Business Case?, in: IBL Journal , 2008, Nr. 14, S. 1-36

Kaiser, H. (1992): Die ethische Integration ökonomischer Rationalität: Grundelement und Konkretion einer „modernen" Wirtschaftsethik, Bern, Stuttgart, Wien 1992

Karmasin, M. (1996): Ethik als Gewinn: Zur ethischen Rekonstruktion der Ökonomie, Wien 1996

Karmasin, M.; Litschka, M. (2008): Wirtschaftsethik- Theorien, Strategien, Trends, Berlin, Wien 2008

Kay-Enders, B. (1996): Marketing und Ethik: Grundlagen – Determinanten - Handlungsempfehlungen, Wiesbaden 1996

Keegan, W. J.; Schlegelmilch, B. B.; Stöttinger, B. (2002): Globales Marketing-Management – Eine europäische Perspektive, München, Wien 2002

Kelley, E. (1965): Ethic and Science in Marketing, in: Schwartz, G. [Hrsg.]: Science in Marketing, New York 1965, S. 465-483

King, D.; Mackinnon, A. (2001): Who Cares? Community Perceptions in the Marketing of Corporate Citizenship, in: The Journal of Corporate Citizenship, 2001, Nr. 3, S. 37–53

Kirchgeorg, M. (1990): Ökologieorientiertes Unternehmensverhalten. Typologien und Erklärungsansätze auf empirischer Grundlage, Wiesbaden 1990

Kirn, F. M. (2009): Marketing goes green, in: marke41, 2009, Nr. 5/6, S. 3

Kleinfeld, A.; Schnurr, J. (2010): CSR erfolgreich umsetzen, in: Hardtke, A.; Kleinfeld, A. [Hrsg.]: Gesellschaftliche Verantwortung von Unternehmen – Von der Idee der Corporate Social Responsibility zur erfolgreichen Umsetzung, Wiesbaden 2010, S. 286-359

Klinner-Möller, N.; Walsh, G. (2011): Kundenbezogene Unternehmensreputation bei Dienstleistungsunternehmen – Eine internationale Vergleichsstudie, in: Mann, A. [Hrsg.]: Herausforderungen der internationalen marktorientierten Unternehmensführung, Wiesbaden 2011, S.435-454

Kommission der europäischen Gemeinschaften (2001): Grünbuch - Europäische Rahmenbedingungen für die soziale Verantwortung der Unternehmen, Brüssel 2001

Könches, B. (2001): Ethik und Ästhetik der Werbung, Phänomenologie eines Skandals, Frankfurt a. M. 2001

Korff, W. (1992): Wirtschaft vor der Herausforderung der Umweltkrise, in: Betriebswirtschaftliche Forschung und Praxis (BFuP), 1992, Nr. 6, S. 534-548

Kotler, P. (1974): Marketing Management - Analyse, Planung, Kontrolle, Stuttgart 1974

Koslowski, P. (1994): Die Ordnung der Wirtschaft, Tübingen 1994

Krämer, H. (1983): Plädoyer für eine Rehabilitierung der Individualethik, Amsterdam 1983

Kreikebaum, H.; Behnam, M.; Gilbert, D. U. (2001): Management ethischer Konflikte in international tätigen Unternehmen, Wiesbaden 2001

Kreyher, V. J. (2001): Handbuch Gesundheits- und Medizinmarketing: Chancen, Strategien und Medizinmarketing, Heidelberg 2001

Kroeber-Riel, W.; Weinberg, P. (2003): Konsumentenverhalten, 8. Aufl., München 2003

Kröher, M. O. R. (2009): Das Gute im Kapitalismus, in: manager magazin, 2009, Nr. 5, S. 92-95

Kros, M. (2003): United Provocations of Benetton – eine Werbekampagne wird zum Medienthema, in: Jacke, C.; Zurstiege, G. [Hrsg.]: Hinlenkung durch Ablenkung: Medienkultur und die Attraktivität des Verborgenen, Münster 2003, S. 77-96

Küpper, H. U. (2005): Analytische Unternehmensethik als betriebswirtschaftliches Konzept zur Behandlung von Wertkonflikten in Unternehmungen, in: ZfB, 75. Jg., S. 375-392

Kurucz, E. C.; Colbert, B. A.; Wheeler, D. (2008): The Business Case for Corporate Social Responsibility, in: Crane, A. et al. [Hrsg.]: The Oxford Handbook of Corporate Social Responsibility, Oxford, New York 2008, S. 19-46

Kuß, A. (2009): Marketing-Theorie: Eine Einführung, Wiesbaden 2009

Lackner, G. (2008): Benetton und seine politischen Werbestrategien: Human-Management als Trend, Saarbrücken 2008

Laczniak, G. R. (1985): Frameworks for Analyzing Marketing Ethics, in: Laczniak, G. R.; Murphy P. E. [Hrsg.]: Marketing Ethics – Guidelines for Managers, Lexington, Toronto 1985, S. 9-26

Laczniak, G. R.; Murphy P. E. (1985): Marketing Ethics – Guidelines for Managers, Lexington, Toronto 1985

Lay, R. (1992): Über die Kultur des Unternehmens, Wien, New York, Moskau 1992

Lehmann, U. (2005): Ethik und Struktur in internationalen Unternehmen: Sozialethische Anforderungen an die formalen Strukturen internationaler Unternehmen, Bochum 2005

Lenk, H.; Maring, M. (1996): Wirtschaftsethik - ein Widerspruch in sich selbst?, in: Becker, J.; Bol, G.; Christ, T.; Wallacher, J.[Hrsg.]: Ethik in der Wirtschaft: Chancen verantwortlichen Handelns, Stuttgart, Berlin, Köln, S. 1-22

Lester, P. M. (2006): Visual communication: images with messages, 4. Aufl., u. a. Californien, Singapore, Victoria 2006

Löhr, A. (1996): Die Marktwirtschaft braucht Unternehmensethik, in: Becker, J.; Bol, G.; Christ, T.; Wallacher, J. .[Hrsg.]: Ethik in der Wirtschaft: Chancen verantwortlichen Handelns, Stuttgart, Berlin, Köln 1996, S. 48-83

Lorbeer, A. (2003): Vertrauen in Kundenbeziehungen, Wiesbaden 2003

Loreenzen, P. (1991): Philosophische Fundierungsprobleme einer Wirtschafts- und Unternehmensethik, in: Steinmann, H.; Löhr, A. [Hrsg.]: Unternehmensethik, Stuttgart 1991, S. 35-67

Maaß, F.; Clemens, R. (2002): Corporate Citizenship: Das Unternehmen als »guter Bürger«, Wiesbaden 2002

Mackenzie, C.; Lewis, A. (1999): Morals and markets – The case of ethical investing, in: Business Ethics Quartely, 1999, Nr. 9, S. 439-452

Mahon, J. F.; Watrick, S. L.(2002): Dealing with Stakeholders: How Reputation, Credibility and Framing Influence the Game, in: Corporate Reputation Review, 2002, Nr. 1, S. 19-35

Mantle, J. (2000): Benetton: Vom Familienbetrieb zum Weltimperium, München 2000

Marsden, C.; Andriof, J. (1998): Towards an Understanding of Corporate Citizenship and How to Influence It, In: Citizenship Studies, 1998, Nr. 2, S. 329–352.

Mast, C.; Huck, S.; Güller, K. (2005): Kundenkommunikation, Stuttgart 2005

Mayer, H.; Illmann, T. (2000): Markt und Werbepsychologie, Stuttgart 2000

McCarty, R. (1988): Business, Ethics and Law, in: Journal of Business Ethics, 1988, Nr. 11, S. 881-889

Meffert, H. (1980): Marketing, 5. Aufl., Wiesbaden 1980

Meffert, H. (1999): Marktorientierte Unternehmensführung im Umbruch, in: Meffert, H. [Hrsg.]: Marktorientierte Unternehmensführung im Wandel: Retrosperspektive und Perspektiven des Marketing, Wiesbaden 1999, S. 3-35

Meffert, H.; Burmann, C.; Kirchgeorg, M. (2008): Grundlagen marktorientierter Unternehmensführung: Konzepte – Instrumente – Praxisbeispiele, 10. Aufl., Wiesbaden 2008

Meran, J. (1987): Der Beitrag der Philosophie zu einer zeitgemäßen Wirtschaftsethik, in: Ökologische Ethik in der Ökonomie?, in: Schriftenreihe des Instituts für ökologische Wirtschaftsforschung, Berlin 1987, Nr. 7, S. 20-46

Meran, J. (1991): Ethik in Wirtschaft in philosophischer Sicht, in: Nutzinger, H. G. [Hrsg.]: Wirtschaft und Ethik, Wiesbaden 1991, S. 21-37

Meran, J. (1992): Wirtschaftsethik. Über den Stand der Wiederentdeckung einer philosophischen Disziplin, in: Lenk, H.; Maring, M. [Hrsg.]: Wirtschaft und Ethik, Stuttgart 1992, S. 45-81

Meyer, C.; Kirby, J. (2010): Leadership im Zeitalter der Transparenz, in: Harvard Business Manager, 2010, Nr. 5, S. 54-63

Mühlbacher, M.; Oestringer, K. (2005): Entwicklung der Unternehmenskultur und Ethik, in: Oestringer, K. [Hrsg.]: Business Administration Wissenschaftliche Sammelreihe II, North Carolina 2005

Murphy, P. E. (1988): Implementing Business Ethics, in: Journal of Business Ethics, 1988, Nr. 12, S. 907-915

Murphy, P. E. et al. (2005): Ethical Marketing, Upper Saddle River 2005

Nährlich, S. (2008): Euphorie des Aufbruchs und Suche nach gesellschaftlicher Wirkung, in: Aus Politik und Zeitgeschichte, Beilage in: Das Parlament, 2008, Nr. 31, S. 27

Neujahr G. (1992): Die Benetton-Kampagne spaltet die deutschen Werber, in: werben & verkaufen, 1992, Nr. 13, S. 12-14

Nida-Rümelin, J. (1996): Angewandte Ethik. Die Bereichsethiken und ihre theoretische Fundierung, Stuttgart 1996

Noll, B. (2002): Wirtschafts- und Unternehmensethik in der Marktwirtschaft, Stuttgart, Berlin, Köln 2002

Öberseder, M.; Schlegelmilch, B. B. (2010): Ethik im Marketing: Themen, Entwicklungen und Perspektiven, in: Marketing ZFP, 32. Jg., 2010, Nr. 1, S. 53-64

OECD (2005): Umwelt und OECD-Leitsätze für multinationale Unternehmen: Betriebliche Instrumente und Konzepte, Paris 2005

Olins, W. (2004): Marke, Marke, Marke, Frankfurt a. M. 2004

Pagnucco-Salvemini, L. (2002): Toscani. Die Werbekampagnen für Benetton 1984-2000, München 2002

Pech, J. C. (2007): Bedeutung der Wirtschaftsethik für die marktorientierte Unternehmensführung, Wiesbaden 2007

Pieper, A. (2000): Einführung in die Ethik, 4. Aufl., Tübingen, Basel 2000

Plaß, G. (2005a): § 4 Beispiele unlauteren Wettbewerbs, in: Ekey, F. L. et al. [Hrsg.]: Heidelberger Kommentar zum Wettbewerbsrecht, 2. Aufl., Heidelberg 2005, S. 93 – 234

Plaß, G. (2005b): § 7 Unzumutbare Belästigungen, in: Ekey, F. L. et al. [Hrsg.]: Heidelberger Kommentar zum Wettbewerbsrecht, 2. Aufl., Heidelberg 2005, S. 485 - 511

Polterauer, J. (2008): Unternehmensengagement als „Corporate Citizen", Ein langer Weg und ein weites Feld für die empirische Corporate Citizenship-Forschung in Deutschland, in: Backhaus-Maul, H. et al. [Hrsg.]: Corporate Citizenship in Deutschland – Bilanz und Perspektiven, Wiesbaden 2008

Porter, M. E.; Kramer, M. R. (2007): Corporate Social Responsibility: Wohltaten mit System, in: Harvard Business Manager, 2007, Nr. 1, S. 16–34

Post, J. E.; Lawrence, A. T.; Weber, J. (1996): Business and Society: Corporate Strategy, Public Policy, Ethics, 8. Aufl., New York 1996

Praetorius, M. (1993): Marketing und Ethik in der Realität, in: Disch, W. K. A.; Wilkes, M. W. [Hrsg.]: Alternatives Marketing: Ideen – Ekenntnisse – preisgekrönte Beispiele, Landsberg, Lech 1993, S. 29-64

Prechtl, P. (1996): Moral, in: Prechtl, P.; Burckhard, F.-P. [Hrsg.]: Metzler Philosophie Lexikon, Stuttgart, Weimar, S. 338-339

Prockl, G. (2007): Logistik-Management im Spannungsfeld zwischen wissenschaftlicher Erklärung und praktischer Handlung, Wiesbaden 2007

Puschmann, N. O. (2000): Benchmarking - Organisation, Prinzipien und Methoden, Unna 2000

Raab, G.; Unger, A.; Unger, F. (2010): Marktpsychologie – Grundlagen und Anwendungen, 3. Aufl., Wiesbaden 2010

Raith, D.; Ungericht, B.; Korenjak, T. (2009): Corporate Social Responsibility in Österreich: Eine Bestandsaufnahme, Wien, Münster 2009

Rieth, L.; Göbel, T. (2005): Unternehmen, gesellschaftliche Verantwortung und die Rolle von Nichtregierungsorganisationen, in: zfwu, 2005, 6. Jg., Nr. 2, S. 244 – 261

Robin, D. P.; Reidenbach, R. E. (1987): Social Responsibility, Ethics and Marketing Strategy: Closing the Gap Between Concept and Application, in: Journal of Marketing, Nr. 1, S. 44-58

Rösler, P.; Lindner, C. (2009): Freiheit, gefühlt, gedacht, gelebt: liberale Beiträge zu einer Wertediskussion, Wiesbaden 2009

Schanz, G. (1978): Verhalten in Wirtschaftsorganisationen, München 1978

Schenk, S. (2003): Menschen teilen Arbeit: Sozialethische Überlegungen zum Volkswagen-Modell der Vier-Tage-Woche, Münster 2003

Scherer, A. G. (2002): Unternehmensethik für Professional Service Firms. Problemtatbestände und Lösungsansätze, in zfwu, 2002, 3. Jg., Nr. 3, S. 304-330

Scherer, A. G.; Picot, A. (2008): Unternehmensethik und Corporate Social Responsibility – Herausforderungen an die Betriebswirtschaftslehre, in: ZfB, 2008, Nr. 58 (Sonderheft), S. 1-25

Schlegelmilch, B. B.; Götze, E. (1999): Marketing-Ethik am Beginn des 2. Jahrhunderts, Marketing ZFP, 1999, Nr. 1, S. 25-37

Schmeisser, W.; Rönsch, M.; Zilch, I. (2009): Shareholder Value Approach versus Corporate Social Responsibility – Eine unternehmensethische Einführung in zwei konträre Ansätze, München, Mering 2009

Schmetterer, B. (2003): LEAP: A Revolution in Creative Business Strategy, New Jersey 2003

Schoeneborn, S. (2009): Die Rolle verbraucherpolitischer Akteure bei konsumentenorientierter Kommunikation über Corporate Social Responsibility (CSR), Marburg 2009

Schreyögg, G. (1985): Die Beteiligung von Verbraucherabteilungen am unternehmerischen Entscheidungsprozess, in: Hansen, U.; Schoenheit, I. [Hrsg.]: Verbraucherabteilungen in privaten und öffentlichen Unternehmen, Frankfurt a. M., New York 1985, S. 197-208

Schuhmacher, R. J. (2010): Nichtregierungsorganisationen als gesellschaftliche Stakeholder im Export- und Projektfinanzierungsgeschäft: Eine Untersuchung zum strategischen Vorgehen bei der Durchsetzung ökologischer und sozialer Interessen, Kassel 2010

Schulz, T.; Toma, T. (2005): Eine neue Welt verstehen lernen, in: Der Spiegel, 2005, Nr. 19, S. 104-106

Seemann, R. (2008): Corporate Reputation Management durch Corporate Communications, Göttingen 2008

Seidel, M. (2001): Ethisch-normative Werturteile in der Betriebswirtschaftslehre: Ein Überblick über wissenschaftstheoretische Positionen, Marburg 2001

Selter, G. (1982): Idee und Organisation des Konsumerismus – Eine empirische Untersuchung der Konsumerismusbewegung in den USA, in: Hansen, U.; Strauss, B.; Riemer, M. [Hrsg.]: Marketing und Verbraucherpolitik, Stuttgart 1982, S. 22-42

Sevecke, T. (1997): Wettbewerbsrecht und Kommunikationsrechte - Zur rechtlichen Bewertung gesellschaftskritischer Aufmerksamkeitswerbung in der Presse und auf Plakaten am Beispiel der Benetton-Kampagnen, Baden Baden 1997

Sieber, P. (2010): Der Verbraucher als Empfänger der CSR-Botschaft, in: Hardtke, A.; Kleinfeld, A. [Hrsg.]: Gesellschaftliche Verantwortung von Unternehmen – Von der Idee der Corporate Social Responsibility zur erfolgreichen Umsetzung, Wiesbaden 2010, S. 186-208

Smith, N. C. (1996a): Ethics and the Marketing Manager, in: Quelch, J. A.; Smith, N. C. [Hrsg.]: Ethics in Marketing, Chicago 1996, S. 3-20

Smith, N. C. (1996b): A Marketing Ethics Framework, in: Quelch, J. A.; Smith, N. C. [Hrsg.]: Ethics in Marketing, Chicago 1996, S. 20-34

Smith, N. C. (2008): Consumers as Drivers of Corporate Social Responsibility, in: Crane, A. et al. [Hrsg.]: The Oxford Handbook of Corporate Social Responsibility, Oxford, New York 2008, S. 281-302

Sommer, C. (1994): Vereinte Ladenhüter, in: Die Zeit, Nr. 26, o. S.

Spitzeck, H. (2008): Moralische Organisationsentwicklung: Was lernen Unternehmen durch die Kritik von Nichtregierungsorganisationen?, St. Gallen 2008

Srnka, K. (1997): Ethik im Marketing – Einstellung und Verhalten des Managements, Wien 1997

Stahlknecht, P.; Hasenkamp, U. (2005): Einführung in die Wirtschaftsinformatik, 11. Aufl., Berlin, Heidelberg, New York 2005

Steiner, G. A.; Steiner, J. F. (1998): Business, Government and Society: A managerial Persepctive, 5. Aufl., New York 1998

Steinmann, H. (2008): Betriebswirtschaftslehre und Unternehmensethik: Ein Ausblick, in: Scherer, A. G.; Patzer, M. [Hrsg.]: Betriebswirtschaftslehre und Unternehmensethik, Wiesbaden 2008, S. 339-351

Steinmann, H.; Kustermann, B. (1996): Die Managementlehre auf dem Weg zu einem neuen Steuerungsparadigma, in: Journal für Betriebswirtschaft, Nr. 46, S. 265–281

Steinmann, H.; Löhr, A. (1989): Der Beitrag von Ethik-Kommissionen zur Legitimation der Unternehmensführung, in: Steinmann, H.; Löhr, A. [Hrsg.]: Unternehmensethik, Stuttgart 1989, S. 259-269

Steinmann, H.; Löhr, A. (1991): Einleitung: Grundfragen und Problembestände einer Unternehmensethik, in: Steinmann, H.; Löhr, A. [Hrsg.]: Unternehmensethik, Stuttgart 1991, S. 3-32

Steinmann, H.; Löhr, A. (1992): Die Diskussion um eine Unternehmensethik in der Bundesrepublik Deutschland, in: Lenk, H.; Maring, M. [Hrsg.]: Wirtschaft und Ethik, Stuttgart 1992, S. 235-252

Steinmann, H.; Löhr, A. (1994a): Grundlagen der Unternehmensethik, 2. Aufl., Stuttgart 1994

Steinmann, H.; Löhr, A. (1994b): Unternehmensethik - Ein republikanisches Programm in der Kritik, in: Blasche, S.; Köhler, W. R.; Rohs, P. [Hrsg.]: Markt und Moral: die Diskussion um die Unternehmensethik, Bern, Stuttgart, Wien 1994, S. 145-180

Steinmann, H.; Löhr, A. (1995): Unternehmensethik als Ordnungselement in der Marktwirtschaft, in: ZfbF, 2. Jg., Nr. 47, S. 143-174

Steinmann, H.; Löhr, A. (1998): Ethik und Organisationsgestaltung, in: Glaser, H.; Schröder, E. F.; Werder, A. v. (1998): Organisation im Wandel der Märkte. Erich Frese zum 60. Geburtstag, Wiesbaden 1998, S. 413-439.

Steinmann, H.; Olbrich, T. (1998): Ethikmanagement: Integrierte Steuerung ethischer und ökonomischer Prozesse, in: Blickle, G. [Hrsg.]: Ethik in Organisationen – Konzepte, Befunde, Praxisbeispiele, Göttingen 1998

Stübinger, E. (1996): Wirtschaftsethik und Unternehmensethik I, in: ZEE, 2. Jg., Nr. 40, S. 148-161

Suchanek, A. (2008): Die Relevanz der Unternehmensethik im Rahmen der Betriebswirtschaftslehre – Der Ansatz von Peter Ulrich, in: Scherer A. G.; Patzer M. [Hrsg.]: Betriebswirtschaftslehre und Unternehmensethik, Wiesbaden 2008

Suchman, M. C. (1995): Managing Legitimacy: Strategic and Institutional Approaches, in: Academy of Management Review, 1995, Nr. 3, S. 571-610

Swanson, D. L. (2008): Top Mangers as drivers for Corporate Social Responsibility, in: Crane, A. et al. [Hrsg.]: The Oxford Handbook of Corporate Social Responsibility, Oxford, New York 2008, S. 227 -248

Thielemann, U. (2001): Wirtschaftsethik als Anstrengung zur Überwindung von Philosophievergessenheit, in: Kowalski, P. [Hrsg.]: Wirtschaftsethik - Wo ist die Philosophie?, Heidelberg 2001

Thielemann, U.; Ulrich, P. (2009): Standards guter Unternehmensführung – Zwölf internationale Initiativen und ihr normativer Orientierungsgehalt, St. Gallen 2009

Tietmeyer, H. (2001): Gestaltung von Rahmenbedingungen für globale Märkte, in: Küng, H. (2001): Globale Unternehmen - globales Ethos, Frankfurt a. M., S. 61- 84

Tokarski, T. O. (2008): Ethik und Entrepreneurship – Eine theoretische sowie empirische Analyse junger Unternehmen im Rahmen einer Unternehmensethikforschung, in: Brettel, M.; Koch, L. T.; Kollmann, T.; Witt, P. [Hrsg.]: Entrepreneurship, Wuppertal 2008

Toscani, O. (1996): Die Werbung ist ein lächelndes Aas, Mannheim 1996

TRENDBÜRO (2009): Otto Group Trendstudie 2009: Die Zukunft des ethischen Konsums, Hamburg 2009

Troja, M. (1998): Umweltpolitik und moderne Ökonomik: Der Beitrag der Neuen Politischen Ökonomie und der Neuen Institutionenökonomik zur Erklärung umweltpolitischer Entscheidungsprozesse, Münster 1998

Trommsdorff, V. (1975): Die Messung von Produktimages für das Marketing, Grundlagen und Operationalisierung, Köln 1975

Trommsdorff, V. (2004): Konsumentenverhalten, 6. Aufl., Stuttgart 2004

Tropp, J. (2011): Moderne Marketing-Kommunikation, Wiesbaden 2011

Trosse, S. (2000): Geschichten im Anzug – Der Retro-Trend im Kleidungsdesign, Diss., u. a. Münster, New York, München 2000

Tsalikis, J.; Fritzsche, D. J. (1989): Business Ethics: A Literature Review with a Focus on Marketing Ethics, in: Journal of Business Ethics, 1989, Nr. 8, S. 695-743

Ulrich, P. (1981): Wirtschaftsethik und Unternehmungsverfassung: Das Prinzip des unternehmenspolitischen Dialogs, in: Ulrich, H. (1981): Management-Philosophie für die Zukunft. Gesellschaftlicher Wertewandel als Herausforderung an das Management, Bern, Stuttgart 1981, S. 57-75

Ulrich, P. (1983): Konsensus-Management: Die zweite Dimension rationaler Unternehmensführung, in: BFuP, 1. Jg. Nr. 35, S. 70-84

Ulrich, P. (1987): Die Weiterentwicklung der ökonomischen Rationalität - zur Grundlegung der Ethik der Unternehmung, in: Biervert, B.; Held, M. [Hrsg.]: Ökonomische Theorie der Ethik, Frankfurt a. M., New York 1987, S. 122-149

Ulrich, P. (1988): Unternehmensethik - diesseits oder jenseits der betriebswirtschaftlichen Vernunft?, in: Lattmann, C. [Hrsg.]: Ethik und Unternehmensführung, S. 96-116

Ulrich, P. (1990): Wirtschaftsethik auf der Suche nach der verlorenen ökonomischen Vernunft, in: Ulrich, P. [Hrsg.]: Auf der Suche nach einer modernen Wirtschaftsethik - Lernschritte zu einer reflexiven Ökonomie, Bern, Stuttgart 1990, S. 179-226

Ulrich, P. (1992): Perspektiven eines integrativen Ansatzes der Wirtschaftsethik am Beispiel sich verändernder betriebswirtschaftlicher Rationalisierungsmuster, in: Homann, K. [Hrsg.]: Aktuelle Probleme der Wirtschaftsethik, Berlin 1992, S. 183-215

Ulrich, P. (1993): Transformation der ökonomischen Vernunft, Bern, Wien, Stuttgart 1993

Ulrich, P. (1994): Integrative Wirtschafts- und Unternehmensethik – ein Rahmenkonzept, in: Blasche, S.; Köhler, W. R.; Rohs, P. [Hrsg.]: Markt und Moral. Die Diskussion um die Unternehmensethik, Bern, Stuttgart, Wien 1994, S. 78-107

Ulrich, P. (1997): Integrative Wirtschaftsethik: Grundlagen einer lebensdienlichen Ökonomie, Bern, Stuttgart, Wien 1997

Ulrich, P. (2003): Wirtschaftsethik als praktische Sozialökonomie. Zur kritischen Erneuerung der Politischen Ökonomie mit vernunftethischen Mitteln, in: Breuer, M.; Brink, A.; Schumann, O. J. [Hrsg.]: Wirtschaftsethik als kritische Sozialwissenschaft, Bern, Stuttgart, Wien 2003, S. 141-165

Ulrich, P. (2005): Zivilisierte Marktwirtschaft. Eine wirtschaftliche Orientierung, Freiburg im Breisgau 2005

Ulrich, P. (2008): Integrative Wirtschaftsethik. Grundlagen einer lebensdienlichen Ökonomie, 4. Aufl., Bern, Stuttgart, Wien 2008

Ulrich, P.; Fluri, E. (1995): Management: 7. Aufl., Bern, Stuttgart 1995

Ulrich, P.; Lunau, Y.; Weber, T. (1996): „Ethikmaßnahmen" in der Unternehmenspraxis: Zum Stand der Wahrnehmung und Institutionalisierung von Unternehmensethik in schweizerischen und deutschen Firmen, in: Institut für Wirtschaftsethik, 1996, Nr. 73, St. Gallen 1996

UNITED COLORS OF BENETTON (2008): Code of Ethics, Trevisio 2008

UNITED COLORS OF BENETTON (2011): FY 2010 – Financial Report, Treviso 2011

Vereinte Nationen (1992): Agenda 21. Konferenz der Vereinten Nationen für Umwelt und Entwicklung, Rio de Janeiro 1992

Vogel, D. (2005): The Market for Virtue: The Potential and Limits of Corporate Social Responsibilities, Washington 2005

Wallacher, J.; Reder, M.; Karcher, T. (2006): Einleitung, in: Wieland, J. et al. [Hrsg.]: Unternehmensethik im Spannungsfeld der Kulturen und Religionen, Stuttgart 2006

Lüth, A.; von Winning, A. (2009): Klimaschutz für Alle! Klimafreundlicher Konsum als neue Säule für den Klimaschutz, in: Initiative „2° – Deutsche Unternehmer für Klimaschutz" [Hrsg.]: Strategiebericht 01.2009, Berlin 2009

Watson, T. J. (1994): In search of management: culture, chaos and control in managerial work, London 1994

Wegenstein, B. (1998): Die Darstellung von Aids in den Medien: semio-linguistische Analyse und Interpretation, Diss., Wien 1998

Weiser, J.; Zadek, S. (2000): Conversations with Disbelievers: Persuading Companies to Address Social Challenges, Branford 2000

Werther, W. B.; Chandler, D. (2011): Strategic Corporate Social Responsibility - Stakeholders in a Global Environment, 2. Aufl., California 2011

Westebbe, A.; Logan, D.(1995): Corporate Citizenship: Unternehmen im gesellschaftlichen Dialog, Wiesbaden 1995

Wieland, J. (1990): Wirtschaftsethik als Selbstreflexion der Ökonomie, in: Ulrich, P. [Hrsg.]: Auf der Suche nach einer modernen Wirtschaftsethik, Bern, Stuttgart 1990, S. 147-179

Wieland, J. (2002): Corporate Citizenship-Management: Eine Zukunftsaufgabe für Unternehmen!?, in: Wieland, J.; Conradi, W. [Hrsg.]: Corporate Citizenship: Gesellschaftliches Engagement – unternehmerischer Nutzen, Marburg 2002, S. 9–21

Wieland, J. (2004): Handbuch Wertemanagement – Erfolgsstrategien einer modernen Corporate Governance, Hamburg 2004

Wieser, C. (2005): "Corporate Social Responsibility" - Ethik, Kosmetik oder Strategie? Über die Relevanz der sozialen Verantwortung in der Strategischen Unternehmensführung, Wien 2005

Wirz, S. (2001): Unternehmensethik in einer liberalisierten und deregulierten Wirtschaft, in: Die Neue Ordnung, 2001, Nr. 6, S. 414-423

Wolf, G. (2000): Ethische Grundsatzfragen in der Unternehmenspolitik, in: Hungenberg, H.; Schwetzler, B. [Hrsg.]: Unternehmung, Gesellschaft und Ethik, Wiesbaden 2000, S. 25-36

Wollenschläger, U. (2011): Neuer Business-Plan: Benetton wird grüner, in: Textil-Wirtschaft vom 24.02.2011, o. S.

Xander, H. K. (2003): Marketing-Mix-Strategien in umweltfreundlich differenzierten Märkten, Wiesbaden 2003

Ziegler, A. (1987): Unternehmensethik - schöne Worte oder dringende Notwendigkeit?, St. Gallen 1987

Zillessen, R. (1991): Umweltsponsoring / Erfahrungsberichte von Unternehmen und Verbänden, Frankfurt a. M. 1991

Zohar, D.; Marshall, I. (2004): Spiritual capital: wealth we can live by, San Francisco California 2004

Internetquellen

csr-muenchen.blog.de/, Abruf am 29.05.2011

de.nielsen.com/news/PR20090218.shtml, Abruf am 22.02.2011

de.statista.com/statistik/daten/studie/157859/umfrage/getreideproduktion-weltweit/, Abruf 21.01.2011

de.wikipedia.org/wiki/Flavio_Briatore, Abruf am 10.04.2011

investors.Benettongroup.com/phoenix.zhtml?c=114079&p=irol-business, Abruf am 28.03.2011.

investors.benettongroup.com/phoenix.zhtml?c=114079&p=irol-history, Abruf am 28.03.2011

investors.benettongroup.com/phoenix.zhtml?c=114079&p=irol-socialCollaborations, Abruf am 11.04.2011

press.benettongroup.com/ben_en/about/campaigns/history/, Abruf am 03.04.2011

www.abendblatt.de/wirtschaft/article1029525/Verbraucherschuetzer-kritisieren-neue-Leitlinien-der-Banken.html, Abruf am 10.01.2011

www.aktive-buergerschaft.de/mittelstand/hintergrundwissen/engagementlogik/social_case_-_business_case, Abruf am 05.02.2011

www.benettongroup.com/apes/presskit/download/images/apes_presskit_en.pdf, Abruf 08.04.2011

www.benetton.com/portal/web/guest/product_care/b-green, Abruf am 10.04.2011

www.benetton.com/food/press/presskit/download/images/presskit_en.pdf, Abruf am 09.04.2011

www.bpb.de/publikationen/SN187N,1,0,Gesellschaften_unter_Globalisierungsdruck.html, Abruf am 10.01.2011

www.brass.cf.ac.uk/uploads/History_L3.pdf, Abruf am 30.01.2011

www.cia.gov/library/publications/the-world-factbook/geos/xx.html, Abruf am 10.01.2011

www.bundesfinanzministerium.de/nn_88146/DE/Presse/Reden-und-Interviews/09022011-Zeit.html, Abruf am 04.03.2011

www.bverfg.de/entscheidungen/rs20030311_1bvr042602.html, Abruf am 29.03.2011

www.bundesverfassungsgericht.de/entscheidungen/rs20001212_1bvr176295.html, Abruf am 01.04.2011

www.coca-colahellenic.ch/Towardssustainabilit/Environment/Energy-and-Climate/#waste-water, Abruf am 27.02.2011

www.derwesten.de/nachrichten/wirtschaft-und-finanzen/Weltweit-81-Millionen-junge-Menschen-ohne-Job-id3541284.html, Abruf am 11.02.2001

www.envirofit.org/global-challenge.html, Abruf am 27.02.2011

www.envirofit.org/our-partners.html, Abruf am 27.02.2011

www.evb.ch/p25000320.html, Abruf am 10.04.2011

www.fabrica.it/projects/social%20campaigns, Abruf am 11.04.2011.

www.fairschreiben.de/index.php/neuer-skandal-bei-bp/2010-07-29/, Abruf am 10.01.2011

www.fairtrade-code.de/transfair/mod_content_redpage/seite/dt_n_partner_firmen/index.html?sid=5e63fa8a6cae8d8af913eff47de3f06b, Abruf am 19.02.2011

www.faz.net/s/RubEC1ACFE1EE274C81BCD3621EF555C83C/Doc~EBEE4614 44F984654B200310DAC2FD2BD~ATpl~Ecommon~Scontent.html, Abruf am 10.01.2011

www.focus.de/finanzen/karriere/management/talent-survey-2008-top-kraefte-sichern-wettbewerbsvorteil_aid_331427.html, Abruf am 06.02.2011

www.ftd.de/politik/deutschland/:infografik-deutschland-deine-schulden/60015169.html, Abruf am 03.03.2011

www.google.de/#hl=de&q=Ethik&aq=f&aqi=g10&aql=&oq=&fp=431675678b0f3bd6, Abruf am 12.04.2011

www.google.de/#hl=de&q=Marketing+ethics&aq=f&aqi=g1&aql=&oq=&fp=431675678b0f3bd6, Abruf am 12.04.2011

www.google.de/#hl=de&q=Marketingethik&aq=&aqi=&aql=&oq=&fp=431675678b0f3bd6, Abruf am 12.04.2011

www.janegoodall.de/mission_statement/, Abruf am 08.04.2011

www.jur-abc.de/cms/index.php?id=449, Abruf am 29.03.2011

www.karlsruhe.ihk.de/innovation/Industrie/IndustrieAktuell/720378/Rohstoffverknappung_nimmt_zu.html, Abruf am 10.01.2011

www.m1.uni-hannover.de/index.php?id=358, Abruf am 18.04.2011

www.m1.uni-hannover.de/index.php?id=375, Abruf am 27.01.2011

www.oetker.de/oetker/file/debi-7c6bhv.de.0/Presseinfo_Schluesseluebergabe_SOS_Kinderdorf.pdf, Abruf am 28.02.2011

www.pampers.de/de_DE/Unicef;jsessionid=AC61C30016ED0FF2E5EA3DE67F6B4710.el45, Abruf am 28.02.2011

www.rare-eu.net/index.php?id=6, Abruf am 01.03.2011

www.sa-intl.org/index.cfm?fuseaction=Page.viewPage&pageId=472, Abruf am 18.03.2011

www.sa-intl.org/index.cfm?fuseaction=Page.viewPage&pageId=478, Abruf am 18.03.2011

www.spiegel.de/spiegel/print/d-13686868.html, Abruf am 07.04.2011

www.spiegel.de/spiegel/print/d-13693530.html, Abruf am 07.04.2011

www.spiegel.de/spiegel/print/d-8887901.html, Abruf am 07.04.2011

www.spiegel.de/spiegel/print/d-9158859.html, Abruf am 07.04.2011.

www.spiegel.de/spiegel/print/d-9202567.html, Abruf am 07.04.2011

www.spiegel.de/wissenschaft/mensch/0,1518,695184,00.html, Abruf am 10.01.2011

www.sueddeutsche.de/leben/werbung-sex-und-skandal-die-hand-an-der-guertellinie-1.149958-9, Abruf am 29.03.2011

www.sueddeutsche.de/medien/fotograf-oliviero-toscani-die-farben-der-provokation-1.994697-4, Abruf am 29.03.2011

www.sueddeutsche.de/medien/fotograf-oliviero-toscani-die-farben-der-provokation-1.994697-6, Abruf am 29.03.2011

www.taz.de/1/zukunft/wirtschaft/artikel/1/wachmaenner-mit-hochschulabschluss/, Abruf am 11.02.2011

www.test.de/themen/bild-ton/test/Digitalkameras-CSR-Begrenzte-Einblicke-1847268-1848035/, Abruf am 19.02.2011 www.topagrar.com/index.php?option=com_content&task=view&id=2581&Itemid=520, Abruf am 19.02.2011

www.umweltdialog.de/umweltdialog/csr_news/2007-05-25_Volkswagen_positioniert_CSR_Geschaeftsstelle.php, Abruf am 06.02.2011

www.wallstreet-online.de/diskussion/617922-1-10/worldcom-weitere-3-3-mrd-dollar-falsch-verbucht, Abruf am 10.01.2011

www.wbcsd.org/templates/TemplateWBCSD5/layout.asp?type=p&MenuId=MTE0OQ, Abruf am 30.01.2011

www.welt.de/politik/deutschland/article6599099/Altkanzler-Helmut-Schmidt-fordert-Rente-mit-70.html, Abruf am 10.01.2011

www.welt.de/print-welt/article388198/Benetton_kaempft_gegen_Welthunger.html, Abruf am 08.04.2011

www.welthungerhilfe.de/grafik-weltweites-hungern.html, Abruf am 10.01.2011